U0540595

四库存目

青囊匯刊 ⑫

增圖陽宅三要

[清]赵玉材 ◎著

宋政隆 ◎点校

华龄出版社
HUALING PRESS

责任编辑：薛　治
责任印制：李未圻

图书在版编目（CIP）数据

四库存目青囊汇刊.12／（清）赵玉材撰；宋政隆点校.－－北京：华龄出版社，2020.12
ISBN 978－7－5169－1745－9

Ⅰ.①四… Ⅱ.①赵… ②宋… Ⅲ.①《四库全书》－图书目录 Ⅳ.①Z833

中国版本图书馆CIP数据核字（2020）第181473号

声明：依据《中华人民共和国著作权法》及《中华人民共和国著作权法实施条例》，本书作者依法享有本书的著作权。未经出版社及作者许可，禁止大量引用、节录、摘抄本书，禁止以任何方式翻印本书。

书　　名：	四库存目青囊汇刊（十二）：阳宅三要
作　　者：	（清）赵玉材撰　宋政隆点校

出 版 人：	胡福君		
出版发行：	华龄出版社		
地　　址：	北京市东城区安定门外大街甲57号	邮　编：	100011
电　　话：	（010）58122246	传　真：	（010）84049572
网　　址：	http://www.hualingpress.com		

印　　刷：	九洲财鑫印刷有限公司		
版　　次：	2020年10月第1版　2020年10月第1次印刷		
开　　本：	720×1020　1/16	印　张：	15
字　　数：	248千字	印　数：	1～6000
定　　价：	48.00元		

版权所有　　翻印必究

本书如有破损、缺页、装订错误，请与本社联系调换

序

天地之道，曰阴曰阳。阴阳之道，有显有晦。其显者，如日月之经天，江河之行地，往而复，周而遍也。其晦者，则动静刚柔，卑高变化，而吉凶生焉。是吉凶也，而趋之避之之说起矣。夫在天成象，在地成形，物物各具一太极，而吉凶方位之判，实不外万物一太极之理耳。然非积学有年，深明其故，曷以知其吉凶？又曷以示人以趋吉避凶之道哉！

赵公精通易理，官于西蜀，读礼之暇，复研究而深考之，著《阳宅三要》一编，盖阳宅之关系，与阴宅并重。阴宅则邀祖父之荫，冀图绵远，其益常，故其功缓；而阳宅为生人栖托之所，朝夕出入之地，吉凶之应，捷于影响。溯自周公卜洛，楚之"揆日作室"，①《豳》云"上入执宫功"，②卜居之道，由来尚已。然而有其象，无其文。后世著书立说者，纷纷聚讼，迄无一是之可遵。赵公盖深见夫世之聋者聩者、半涉于明昧者，日寻求夫吉凶之理，而日汨于趋避之间者，比比皆然，爰出其胸之蕴藉，创为三要，其大旨：曰门、曰主、曰灶。考诸旧说，门、主二义则千年雷同，欲求一指其迷津，卒不可得。至于灶，则虽有论及者，而皆不专一，殊不知灶之于阳宅也，五行毕备，有生生不息之机，况为人人日用之所不可缺，而性命之所不可离者也。

赵公在籍在川数十年来，举凡传舍民居，随处究心，大率就其形势，指其迷途，而吉凶之理判如指掌，是则即物物各具一太极之理而断之者也。从之者转祸为福，历历验之，毫末不爽。然则是编之超越乎众说，而

---

① 校注：《诗经·国风·鄘风·定之方中》：定之方中，作于楚宫。揆之以日，作于楚室。树之榛栗，椅桐梓漆，爰伐琴瑟。

② 校注：《诗经·国风·豳风·七月》：九月筑场圃，十月纳禾稼。黍稷重穋，禾麻菽麦。嗟我农夫，我稼既同，上入执宫功。昼尔于茅，宵尔索绹。亟其乘屋，其始播百谷。

为助于斯世者，岂浅鲜欤！原其得力，则又以河洛为体，利济为用，故其发为言也，奇而正，显而该。《系》有云："君子居其室，出其言善，则千里之外应之，况其迩者乎！"况其以仁人之心，行利济之术者乎？予更乐得而为之序。

钱塘顾弈杭一苇氏书

序

丁未岁，游川东荣昌，适邑侯朱公延进士同年某掌书院教，请愚陪席，有客讲阳宅吉凶，验甚。掌教曰："致远之名，君子亦为是乎？"愚应云："《鲁论》'游于艺'，非志道、据德、依仁之君子，不能为是也。"[①] 座客哄堂矣。掌教赧然云："上古穴居野处，又《易》尝讲阳宅乎？"愚应云："先生知《易》而不读下文，'后世圣人易之以宫室，上栋下宇，以待风雨，盖取诸大壮'，盖有宅即有卦矣。稽之经传云：'正日景，求地中'，[②]是《周礼》即讲罗经矣。又云：'于东土'，'卜黎水'，是《周书》亦明砂水矣。公刘陟巘降原，[③]卫文升虚望楚，[④]非宫星高下之所由分耶！"掌教云："吾党富翁某，任意修造，不识年日宪书为何物，然富而不失其富，何也？"愚应云："《钦定宪书》赤白九宫，即示人以《宅经》矣。但民可使由，不可使知。先生为进士，未有不知者也。彼营巢之鹊，知背太岁；弃土之鸥，解缪牖户。以云富翁，曾多之不如矣。新中进士喻迁莺，名金衣公子，于其择木迁乔，非其才智能识气机之先，亦任其自然，如云富翁之不识《宪书》耳。"掌教知讽己，遂嗒然，朱公亦言他以乱其辞。

愚按《宅经》言卦象，原于河洛，乃循行数墨之儒，不识数之九一。《宅经》言东西，遵自《宪书》，乃探奇索隐之士，不辨色之紫黄。间有一一自号专家者，类多立说支醒，蒙头盖面，亦只为专利计，以致志远者遂厌斥而不道，痛下者又莫识其径途，古人妙谛，虽在残编断简之中，甚至晦而不明，无惑乎认指为月、信赝为真者之动辄得咎也。

滏阳九峰赵公，沉潜博学，得阳宅之真传，发罗经之妙蕴，每相宅吉

---

① 校注：《论语·述而》："志于道，据于德，依于仁，游于艺。"
② 校注：《周礼·地官》：以土圭之法测土深。正日景，以求地中。日南则景短，多暑；日北则景长，多寒；日东则景夕，多风；日西则景朝，多阴。日至之景，尺有五寸，谓之地中，天地之所合也，四时之所交也，风雨之所会也，阴阳之所和也。
③ 校注：《诗经·大雅·公刘》：笃公刘，于胥斯原。既庶既繁，既顺乃宣，而无永叹。陟则在巘，复降在原。何以舟之？维玉及瑶，鞞琫容刀。
④ 校注：《诗经·国风·鄘风·定之方中》：升彼虚矣，以望楚矣。望楚与堂，景山与京。降观于桑，卜云其吉，终焉允臧。

凶，不爽分毫。凡有营造失宜者，见于夭折孤穷，辄叹惜不已，必思改置，转祸为福，而后安焉。一时执业问难者，实系有后，惟公不吝不倦，殆亦欲立立人、欲达达人之意也夫！吾道东矣，吾道西矣，然尤设其限于一方一隅也，而欲公之天下后世而后快，遁于守制晦日，创为阳宅之要，公诸海内，庶几所施者博，所济者众，举一世而安敦咸吉焉。是致远曷常有泥，艺进于道，小道大有可观者矣。夫乃知君子不可小知也。顾阳宅已阐其微，而阴宅尤臻其妙，行将继出公世矣。然阴不先阳，因先为序。

　　　　　　　　　　　　　　时乾隆丁未岁首夏中澣
　　　　　　　　辛卯科举人四川雅州府荣经县知县张元功撰

序

阳宅不外乎地理，而地理难概乎阳宅。盖龙穴砂水，阴宅虽与阳宅从同；而布卦穿宫，阳宅自与阴宅各异。阳宅之法，可不讲哉！吾师玉材赵公，于《地理五诀》既成后，复谋阳宅善本，取坊间《大全》《必用》《玉辇》《十书》《三才发秘》《开门放水》《门楼悬鉴》等集，逐一披寻，见其文理虽优，未中肯要，即相宇庄基，间合形势，而得此失彼，吉凶混淆，总不足以利民生而启世惑。爰体圣天子善世宜民之心，本《竹节》《摇鞭》诸赋，以门配主，以门配灶，斟酌至是，图注详明，此其提纲挈领，要言不烦，视前人之言，多掩义阐发未明者，不有间乎！名曰《三要》，盖示人知门、主、灶为阳宅所重，而地理之不可概乎阳宅也。

时乾隆五十一年丙午小阳月中澣
四川成都府彭县受业王庸弼梦亭氏谨识

原委论

夫大化之内，吉凶浑然，人自有此形身，而后中之虚灵者，本与大化同体。块然者，则拘于形质，而受五行生克。夫先天下而忧之，圣人虑及形之略夫神也，而趋避之道生焉，此堪舆之学所由起；而阳宅之专家，则始于黄石公《竹节赋》，详于杨救贫《摇鞭歌》，其后代有发明，而支离不免，文士既薄为术数而耻谈，庸众又因其无验而不信。于是将出必由，居必在，饮食寝处，不离之地，漫然不讲矣。

九峰老师身体力行五十年，深得其中与旨。其教人，惟以各具一太极之法，是即人身一小天地之道。凡看阳宅，无论衙署、庙宇、民居，总以门、主、灶三者为要。门，即大门；主，即院内高大之房，只论高大，不拘前后偏正；灶，即厨房之门，以内盘二十四山分配八卦，壬子癸为中男坎水，丑艮寅为少男艮土，甲卯乙为长男震木，辰巽巳为长女巽木，丙午丁为中女离火，未坤申为老阴坤土，庚酉辛为少女兑金，戌乾亥为老阳乾金。仍照法家规则，分乾、坤、艮、兑为西四宅，坎、震、巽、离为东四宅，各成一家则吉，混杂则凶。

其看宅也，有一天井，即下一罗经，不执形势之有定者为定，而以天井之无定者为定。盖天光所临到处圆满，即"千潭一月"之义也。又有翻金之法：本门本主，一层为伏位，二层为静宅，毋论矣；三层至五层为动宅，六层至十层为变宅，十层以外为化宅。正向正门，隅向隅门，则从主位起游年，数至大门得何星，即直递生进。如坎宅离门，从坎游至离为延年，延年属金，金生水，水生木，木生火，火生土之类。正向隅门，隅向正门，则从门上起游年，数至对面，看得何星，乃直递生进。如坎宅巽门，巽上游至离宫为天医土，土生金，金生水，水生木之类。总贵吉星高大，凶煞低伏为妙。

其应验年月，则本于《图书》《洪范》，以坎为润下文曲水，应申子辰年月，数主一六；离为炎上廉贞火，应寅午戌年月，数主二七；震巽为曲直生气木，应亥卯未年月，数主三八；乾兑为从革延年金，应巳酉丑年月，数主四九；坤艮为稼穑天医土，应辰戌丑未年月，数主五十。察已往，识未来，无不应验，此其大略也。神而明之，存乎学者，千金之传，专待有德。

时乾隆五十一年丙午小阳月中浣
四川成都府彭县受业张含章应泰氏谨识

碎金歌

碎金歌，碎金歌，阳宅微妙尽包罗。此是救贫真妙诀，我今述出惠人多。

一六水，位居北；二七火，位居南，三八为东木位全。四九金，分乾兑，土数五十在中间。阴土寄坤阳寄艮，后天八卦位当然。

九星本位为升殿，若逢生处吉炎炎。间效更能无克制，五行五色配兼完。诚能一一遵法式，鸣珂珮玉凤池还。

看阳宅，分城乡，城内只要宅合法，乡村砂水一同详。宅纯阳，必伤阴，阴阳须要配合匀。

天问法，端正好，丈尺须在五行讨。时师歪斜要分金，侧耳招谗清净少。

如坎宅大门高一丈六尺或一丈六寸，宽宜六尺，或六尺六寸，及三八数之类。更宜正开，断断不宜歪斜，误以用山向分金为说。

主房中，吉祥聚，开了后门泄真气。若不冷退定损财，从今说破君须闭。

论厕房，忌乾方，天门不净首生疮。吉星名唤佛头粪，五鬼运财第一良。循吏亦能蓄宝玉，还有清廉姓字香。

六畜栏，忌在寅，要居三个大吉星。不信试去人家验，不合法时畜不生。

同居宅，门主灶，不必房房尽合窍。试看钟鸣鼎食家，儿子焉遂人人好。倘如分爨或寄居，合得门时福即到。我曾一宅断十家，家家祸福如预告。

东西命，不须泥，只要吉宅便堪居。那见爷房儿不住，公孙父子另院楼。

漏胎井，正房后，面前又是眼多咎。劝君凿在天医方，不惟无疾还多寿。

人纯正，好施财，邻里无端毁谤来。只为房后安碾磨，鄰鄰锯齿咒诅开。

　　凡开门，必正门，横头开了多争辩。旧添新标亦不吉，披厦拖麻凶易见。

　　主房高，名得位，后层遇低财不萃。语云心高财不归，只见倍出入不倍。

　　后厢房，莫教有，两边有时名推车，一边有时号单成。肘则劣拘并闲居，推车换主定无疑。

　　两披厦，南省多，也只平平尽可过。惟在北省却不利，马劣车伤事坎坷。

　　无果树，杂色花，堂前不可乱栽插。女人气感防月事，愆期致病每月差。

　　龟脊房，中直卧，上蔽天井人下坐。市廛图便往往修，宅主不逃则必破。

　　语虽俗，句句真，东西得位祸还轻。若然卦位又混杂，依诀断来验似神。

　　原委论，阐根源，碎金歌，包巨细。的是救贫真心事，救得世上无贫人，携手好向瀛洲去。

　　阳宅自黄石公、杨救贫而后，著述颇繁，非不至详且悉，而验之多难响应，非古人传法之讹，盖后人只知执法，而不知其用中也。自吾师揭出各具一太极之妙源，十余年来，遵而行之，上证于羲文之图、洪范之畴，下验于四民细微之事，无不一一吻合。因作《原委论》、《碎金歌》，以见何莫非大道也。元之流布，其条目备细，载在《三要》全书。自记。

送九峰赵老师致化归里三首

堪舆至道法先天，识得源头即是仙。
太极絪缊含众妙，天关阖闢育真诠。
往来姤复分龙虎，逆顺阴阳奠岳川。
慢说杨公乘鹤去，救贫心事赖师传。

天公计筹甚清真，救得贫多自不贫。
秘诀已传诸弟子，新书更复普同人。
立言爽直高文藻，阐理精微动鬼神。
百世芳名钦仰众，馨香倍胜一官荣。

锦江东郑送行舟，蒲日离情起客愁。
一日师徒犹父子，八年提命费搜求。
谈心古刹宵连旦，传法舟山夏继秋。
此后身遥神自一，救贫心事总同谋。

目　录

阳宅三要卷一 ········· 1

阳宅三要论 ········· 1

无极 ········· 2

太极 ········· 3

两仪 ········· 4

文王八卦次序 ········· 5

河图 ········· 6

洛书 ········· 7

文王八卦方位图 ········· 8

八卦所属 ········· 9

八卦相配 ········· 10

五行相生 ········· 11

五行相克 ········· 12

西四宅 ········· 13

东四宅 ········· 14

东西八宅不许相混论 ········· 15

大游年歌 ········· 16

乾门九星歌解 ········· 17

九星吉凶歌 ········· 18

宫星相克断 ········· 19

九星分房兴败歌 ········· 20

子孙歌 ········· 21

化象歌	22
东四西四八宅吉星所属	23
东四西四八宅凶星所属	24
五鬼穿宫	25
兴废年	26
动宅番星贯井	27
变宅番星贯井	28
四凶星应验	29
五行病疾论	30
静宅一盘看法	31
动宅变宅化宅三盘看法	32
八门起例乾门图	33
各具一太极定主定门定灶法	34
静宅动宅变宅化宅分辨法	35
解凶灶法	36
吉灶分辨法	37
三吉星应验日期	38
九星生旺方位	39
九星吉凶歌	40
山谷城市论	41
庙星方位	42
文笔高塔方位	43
八方庙星	44
三元命诀	45
捷诀	46
野马跳涧掌诀图	47
看衙署论	48
坎署离门震灶五层图	52
坎主七层衙署离门图	54
坎主八层衙署离门图	56

三署总论安灶法 ································ 58
　　丙午丁三山壬子癸三向第五层土星高大衙署图 ······ 59
　　坐南向北七层署图 ······························ 60
　　前窄后宽图 ···································· 61
　　蛇尾鞭稍图 ···································· 62
　　大堂前大门内二堂三堂以及周围墙俱宜棺材形 ······ 63
　　尺寸宽窄吉凶论 ································ 64
　　长狭凶局歌 ···································· 65
　　方阔吉局歌 ···································· 66
　　方 阔 图 ···································· 67
　　蛇身鸭颈图 ···································· 68
　　震主兑门巽灶五层压煞衙署图 ···················· 69
　　兑主震门坤灶五层压煞衙署图 ···················· 70
　　都郡文武庙吉凶论 ······························ 72
　　九星吉凶位论 ·································· 73
　　阳宅总纲 ······································ 74

阳宅三要卷二 ······································ 75
　　乾门 ·· 77
　　坤门 ·· 85
　　艮门 ·· 93
　　兑门 ·· 101
　　动宅四隅门看法 ································ 109
　　西四宅乾坤艮兑四游年起例 ······················ 110
　　延年天乙生气宅图 ······························ 111

阳宅三要卷三 ······································ 127
　　坎门 ·· 129
　　离门 ·· 137
　　震门 ·· 145
　　巽门 ·· 153

动宅四正门看法 …… 161
东四宅坎离震巽四游年起例 …… 169
贪狼天乙延年宅图 …… 172

阳宅三要卷四 …… 183

周易卦歌 …… 183

乾宫 …… 184

坎宫 …… 187

艮宫 …… 190

震宫 …… 193

巽宫 …… 196

离宫 …… 199

坤宫 …… 202

兑宫 …… 205

阳宅三要卷一

阳宅三要论

夫曰三要者何？门、主、灶是也。门乃由之路，主乃居之所，灶乃食之方。阳宅先看大门，次看主房门。厨有东四西四之分，而主房却无定位，高大者即是。只要门、主相生，即以吉断；相克，即以凶断。此看阳宅必然之理也。

至于厨灶，乃养生之所，所关甚大。第一与门相生，其次与主相生。若仅以厨灶为重，直断祸福，轻去门、主生克之理，亦非定论。须要门、主、灶三者各得其所，门生主，主生灶，灶生门，三者互生无克，或相比和，又合宅主之生命之福元，则人丁大旺，福寿双全。黄石公、杨救贫深得此理。

有心斯道者，不必矜奇立异，惟是熟读游年，强识八宅，默会五行生克之理，阴阳配合之道，则阳宅之道，思过半矣。

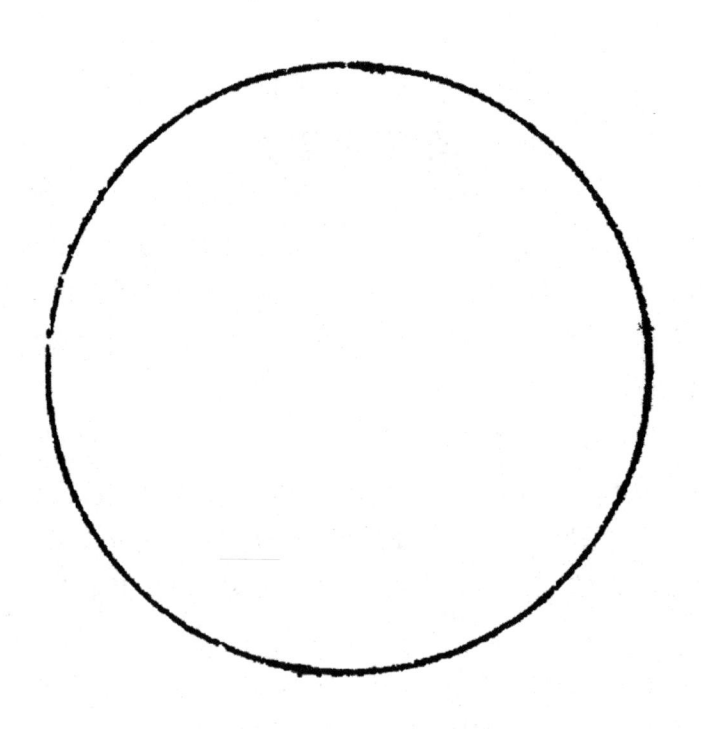

无 极

太 极

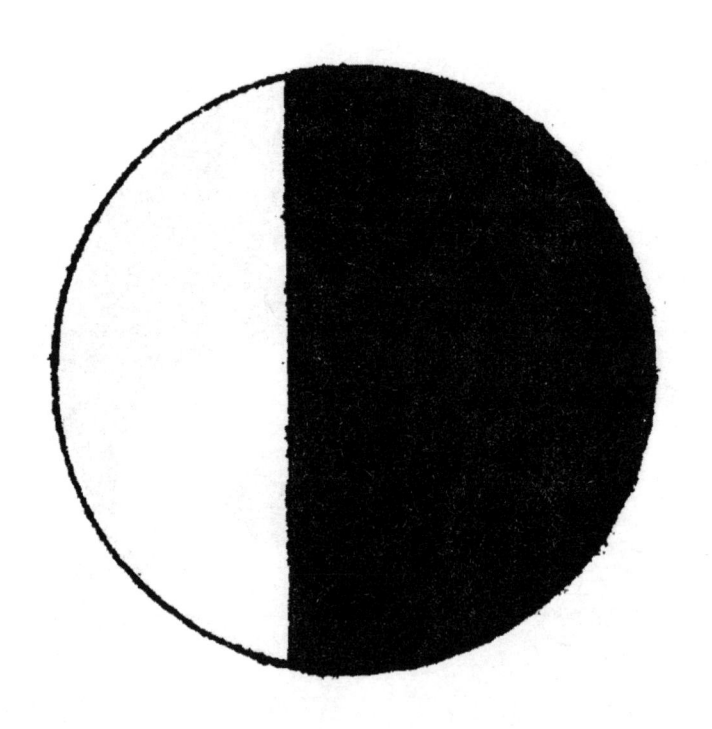

两　仪

文王八卦次序

乾父 ☰

坤母 ☷

震长男 ☳ 得乾初爻
坎中男 ☵ 得乾中爻
艮少男 ☶ 得乾上爻
巽长女 ☴ 得坤初爻
离中女 ☲ 得坤中爻
兑少女 ☱ 得坤上爻

河 图

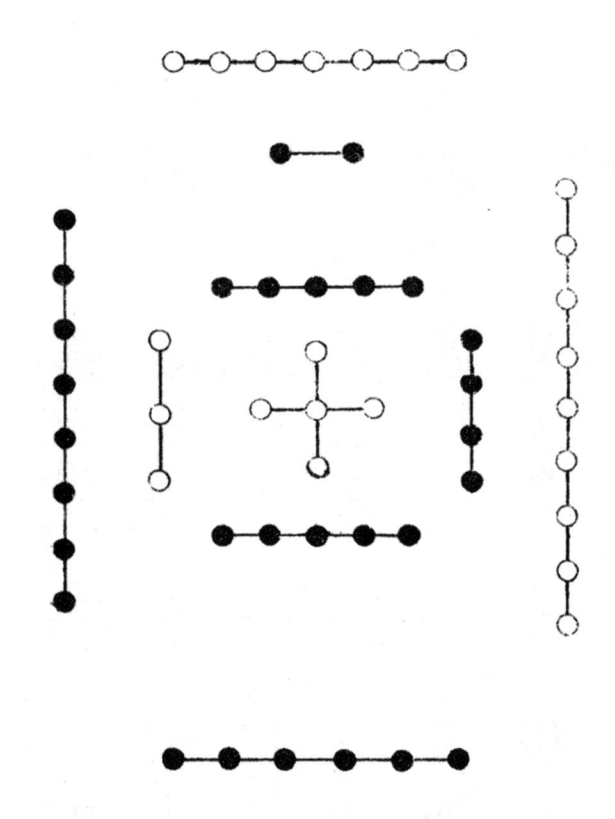

阳顺数，从一至九。

阴逆数，从二至十。

一六水，二七火，三八木，四九金，五十土。一得九而成十，二得八而成十。

洛 书

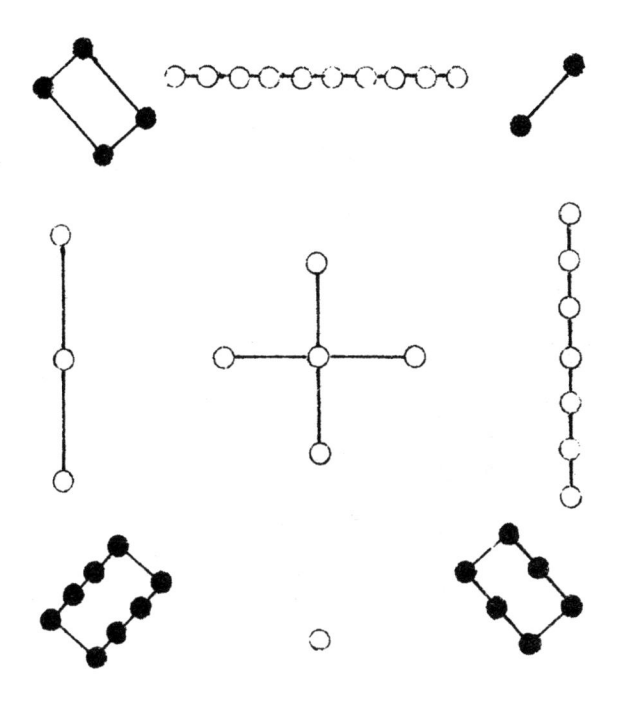

戴九履一，左三右七，二四为肩，六八为足，五居中数。

文王八卦方位图

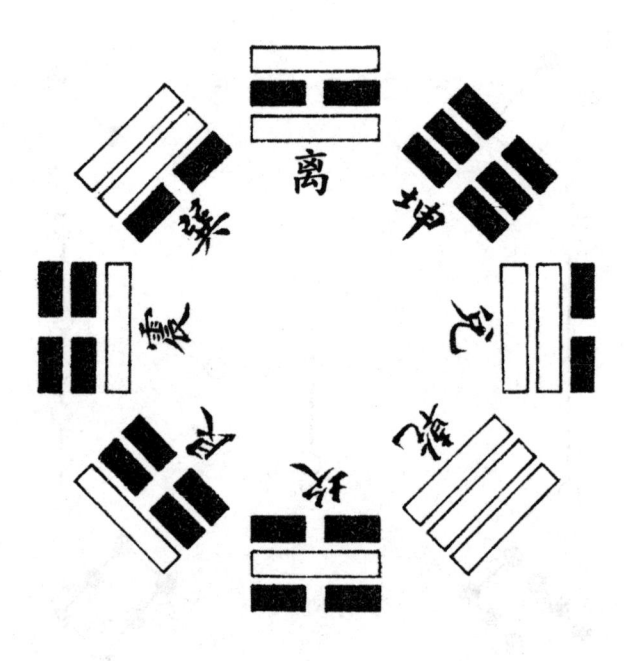

乾三连，坤六断，震仰盂，艮覆碗，离中虚，坎中满，兑上缺，巽下断。

八卦所属

○乾为父居西北属金。○坤为母居西南属土。
○艮少男居东北属土。○兑少女居正西属金。
○坎中男居正北属水。○离中女居正北属火。
○震长男居正东属木。○巽长女居东南属木。

增图1 黄帝合宫图

八卦相配

○乾坤配。○艮兑配。○坎离配。○巽震配。

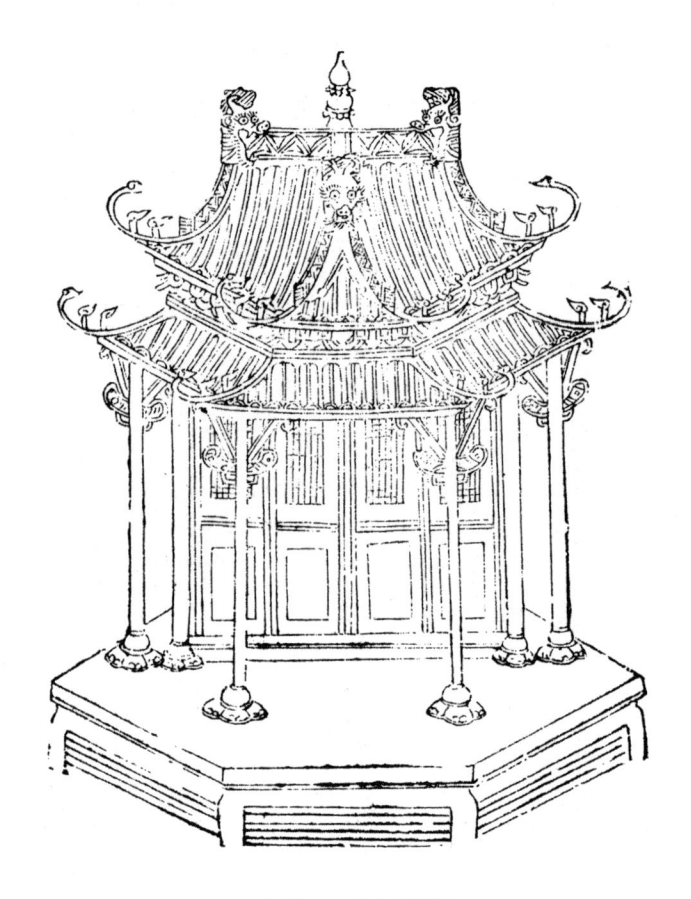

增图2　始皇前殿图

五行相生

金生水，水生木，木生火，火生土，土生金。

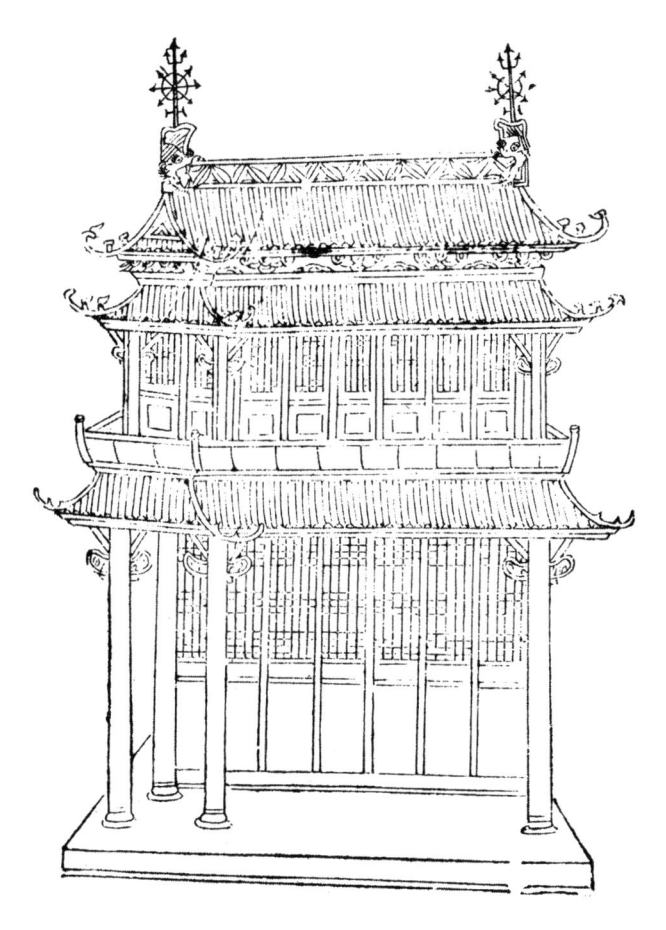

增图3 阿阁图

五行相克

金克木，木克土，土克水，水克火，火克金。

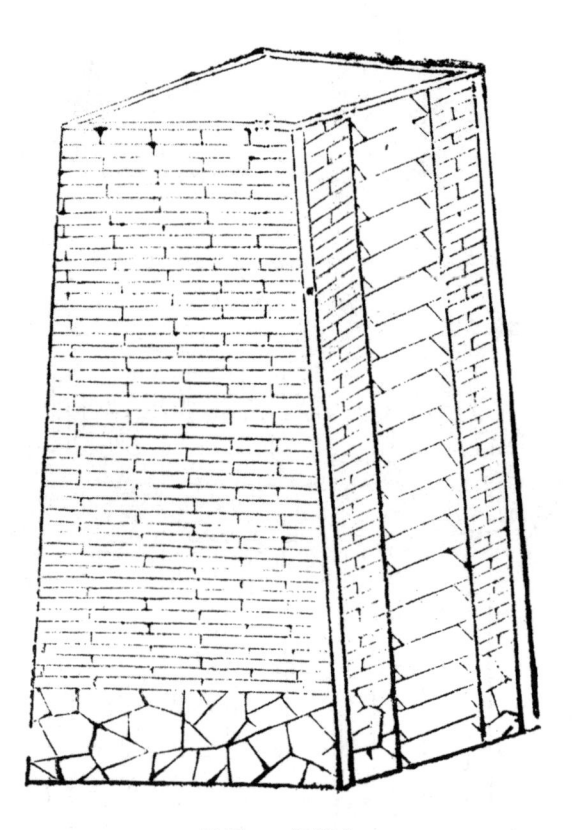

增图 4　轩辕台

西四宅

乾坤艮兑。○乾坤艮兑四宅同,东四卦爻不可逢。误将他卦装一屋,人口伤亡祸必重。

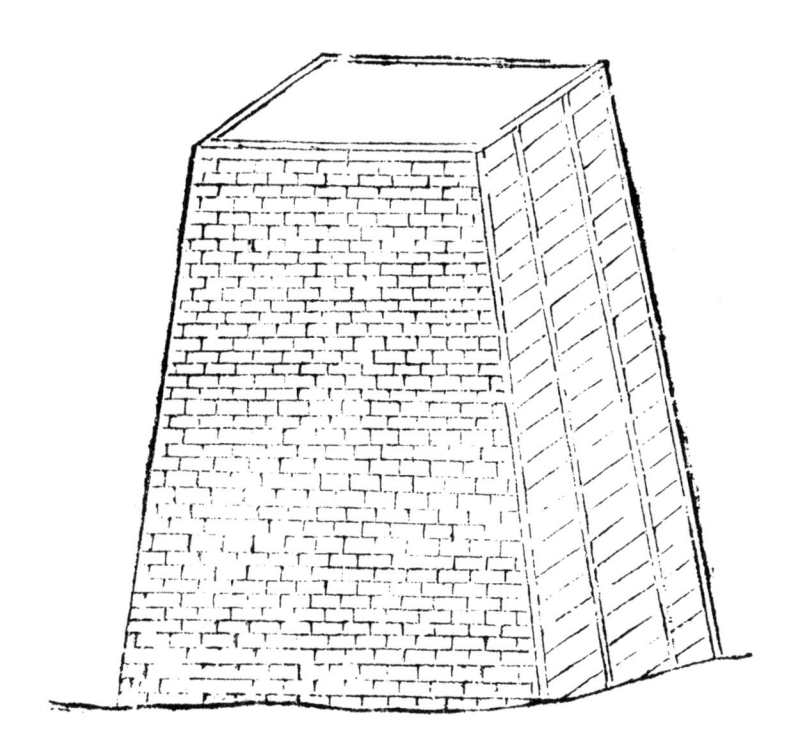

增图 5 灵台图

东四宅

坎离震巽。○震巽坎离是一家,西四宅中莫犯他。若逢一气修成象,子孙兴旺定荣华。

增图 6 轩辕明堂图

东西八宅不许相混论

东四宅门、主、灶，不混西四宅，俱系水木相生，木火通明，尽合游年上生气、天乙、延年三吉星。西四宅门、主、灶，不混东四宅，俱系土金相生，比和；宫星相生，宫星比和。试观富贵之家，未有不合三吉而能发福者也。若东四宅混入西四宅，西四宅入混东四宅，非木克土，即火克金，金克木。以游年论，不是六煞祸害，即是五鬼绝命。克阴伤妇女，克阳伤男人，无一家利者，不败即绝。何为相混？东四宅门，配西四宅主、灶；西四宅门，配东四宅主、灶，即为相混，相混则凶。

增图 7　元始观图

大游年歌 又名八门套九星

乾六天五祸绝延生，坎五天生延绝祸六。
艮六绝祸生延天五，震延生祸绝五天六。
巽天五六祸生绝延，离六五绝延祸生天。
坤天延绝生祸五六，兑生祸延绝六五天。

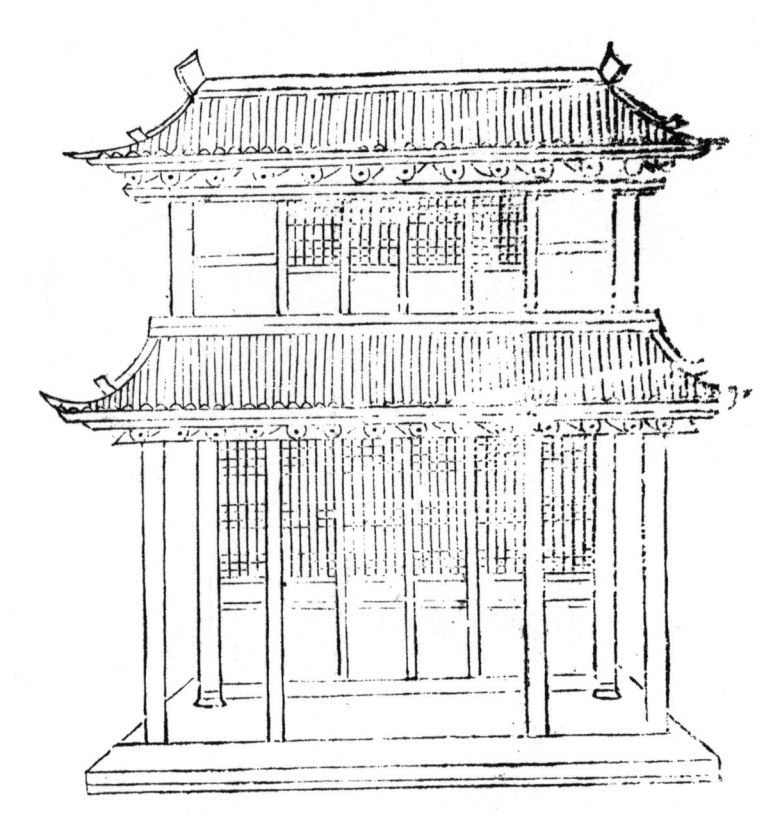

增图 8　楼

乾门九星歌解

乾为伏位，即辅弼二木星也。其星吉凶无定，主吉彼亦吉，主凶彼亦凶，故曰"辅弼"。

六为六煞，文曲水星凶。天为天医，巨门土星吉。

五为五鬼，廉贞火星凶。祸为祸害，禄存土星凶。

绝为绝命，破军金星凶。延为延年，武曲金星吉。

生为生气，贪狼木星吉。

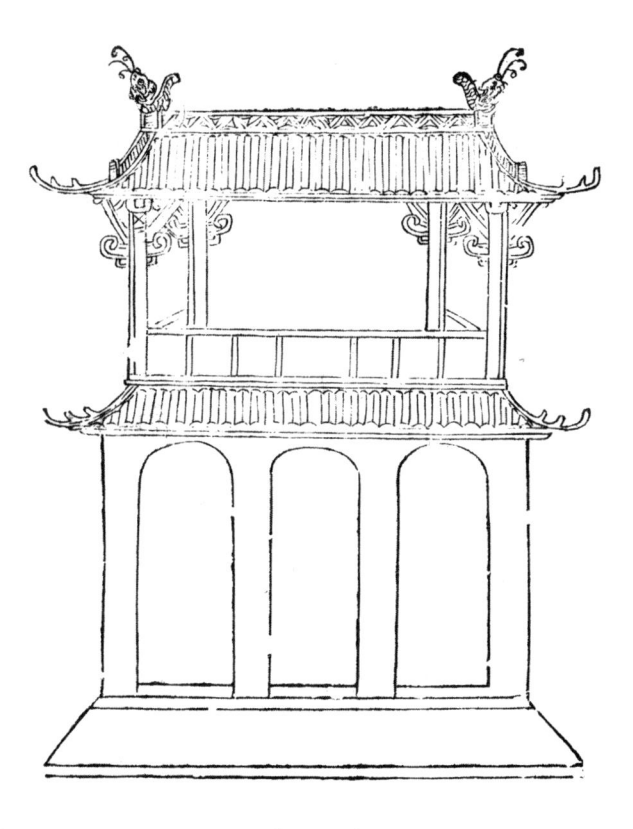

增图 9　阙

九星吉凶歌

贪狼家道隆，五子更英雄。文艺多端立，精专百事通。
阳土巨门星，人财家道兴。功名三教显，医卜性聪明。
阴土禄存星，人残子不兴。零丁多带破，绝少二房荣。
文曲涧下水，颠狂不足言。军徒兼忤逆，弃祖败庄田。
廉贞独火星，二子败家门。燥爆多凶恶，拖枪作健军。
阳金武曲星，豪俊出二门。武雄仁慈孝，精专百物能。
破军不可当，黄肿病残伤。有子难延寿，女劳命不长。
伏吟二木星，逐势达时荣。见吉必逢吉，逢凶必见凶。

增图 10　亭

宫星相克断

○火入乾宫，乾金受克，主损老翁。

○土入坎宫，坎水受克，主伤中男小口。

○木入艮宫，艮土受克，主伤少男。

○金入震宫，震木受克，主伤长男。

○金入巽宫，巽木受克，主伤长女。

○水入离宫，离火受克，主伤女人。

○木入坤宫，坤土受克，主伤老母，又伤少妇。

○火入兑宫，兑金受克，主伤幼妇。

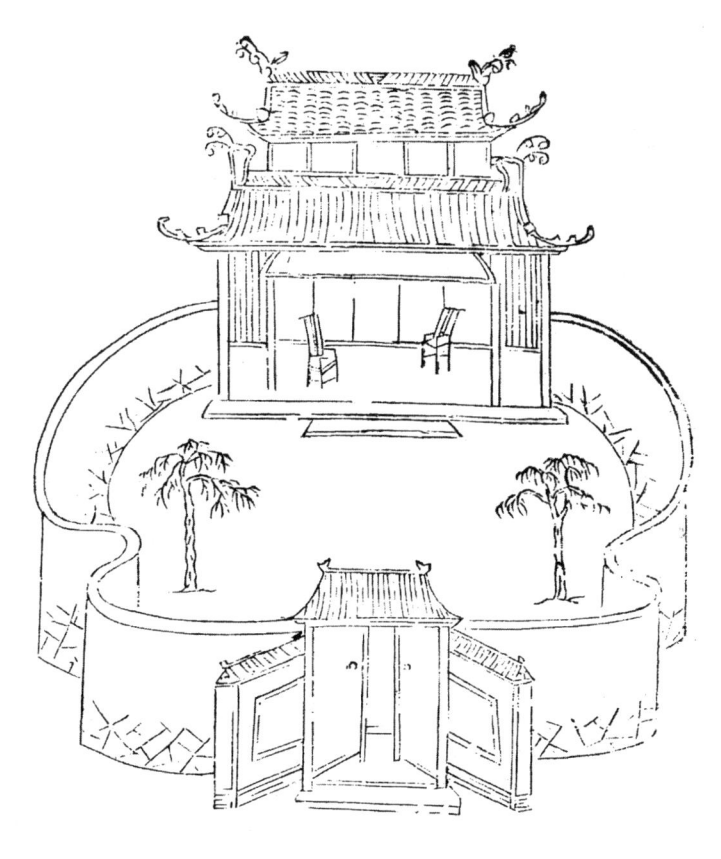

增图 11 馆

九星分房兴败歌

贪兴长子巨兴中，武曲小房必定隆。
文败中房禄败少，破廉长子受贫刑。
水一火二木三数，金四土五有常经。
若非仔细深穷究，祸福参差未可明。

增图 12 庭

子孙歌

贪生五子巨三郎，武曲金星四子强。

独火廉贞儿两个，辅弼只是半儿郎。

文曲水星仅一子，破军绝败守孤孀。

禄存土宿人延寿，生克休囚仔细详。

增图 13　五亩之宅图

化象歌

纯阴每岁多疾病，纯阳财旺无儿孙。

内克外爻贼不入，外克内爻主伤身。

阴入阳宫先生女，阳入阴宫定生男。

增图 14　斋

东四西四八宅吉星所属

凡是夫妇正配，俱是延年；纯阴纯阳，俱系天乙；有阴有阳，俱属生气，此东西四宅各分看法。

增图 15　廨

东四西四八宅凶星所属

纯阴纯阳，相克为五鬼。阳克阴，阴克阳，并纯阳相生，纯阴相生，非绝命即六煞，此东西四宅相混看法。

增图 16　邸驿

五鬼穿宫

○廉贞入乾兑，小口定灾殃。重重损五口，家中不安康。
○廉贞入水乡，次子遭灾殃。长子小口死，累累病多伤。
○廉贞震巽间，每岁盗贼连。家中财失散，男女受熬煎。
○廉贞到本宫，初年二房荣。长男专权柄，财散祸事生。
○廉贞入艮坤，六畜并难存。西南损五口，东北伤三人。

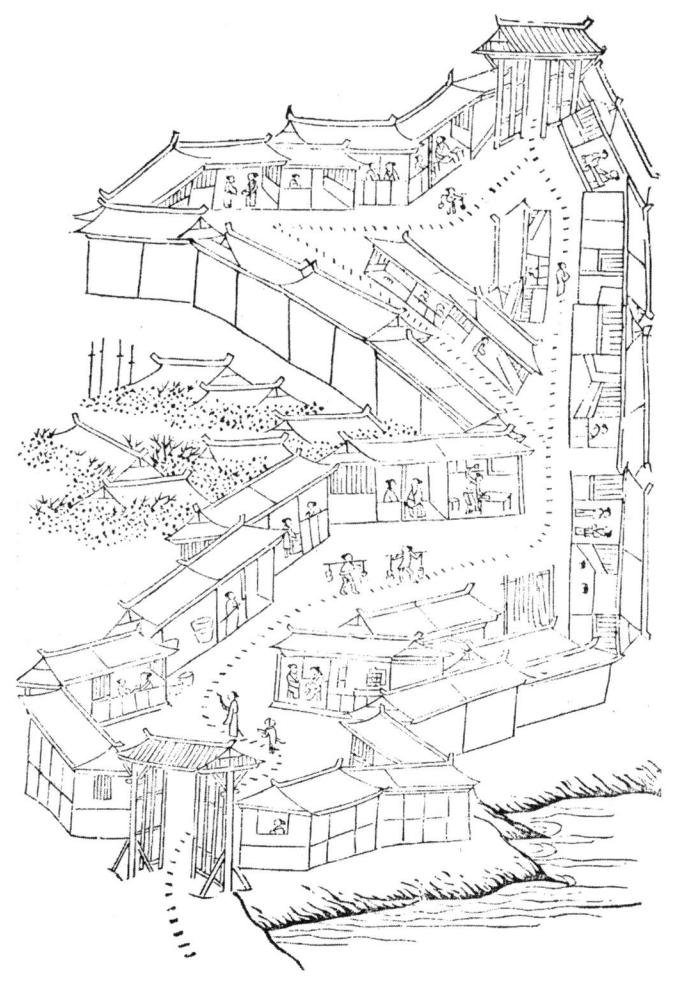

增图 17　闾里图

兴废年

生气辅弼亥卯未，延年绝命巳酉丑。

天乙禄存并五鬼，吉凶俱应寅午戌。

六煞不外申子辰，九星加处细排论。

增图 18 关塞

动宅番星贯井 用正五行例

动宅至五层而止，故番星只宜用正五行。如巨门生武曲，武曲生文曲，文曲生贪狼，贪狼生廉贞，廉贞生巨门之类。吉亦生凶，凶亦生吉，不可与变宅同论。

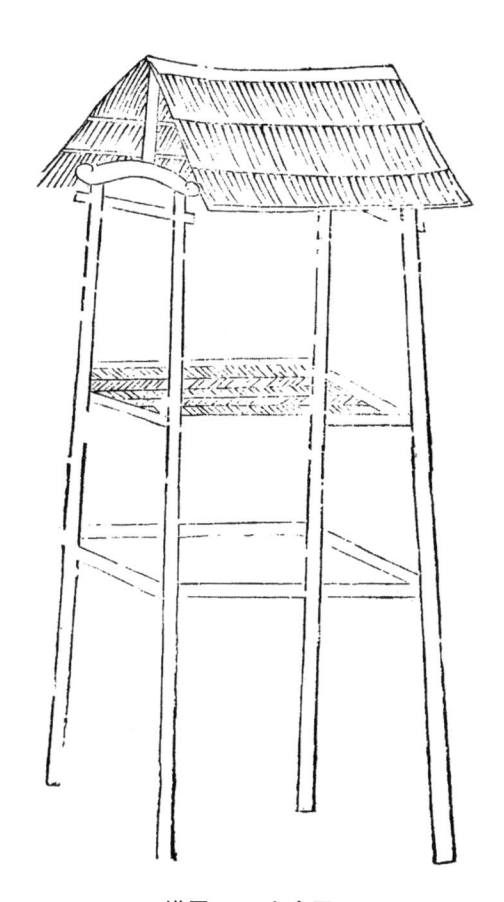

增图19 守舍图

变宅番星贯井 用双金双木双土例

夫变宅至十层而止,故番星不可以动宅为例,宜用双金双木双土。如头层属贪狼,二层即为辅弼。辅弼生廉贞,廉贞生祸害,先用祸害,次用巨门。巨门生武曲,先用武曲,次用破军。破军生文曲,文曲生辅弼,先用辅弼,次用贪狼,吉不生凶,凶不生吉。但六层只双一层,七层双两层,八层双三层,次九层十层则周而复始,而化宅亦如是矣。然木、土、金三者双之,而水火独单数者,何也?因八卦中木、土、金三者,皆有阴阳之分,而水火无二,故番星亦依之。

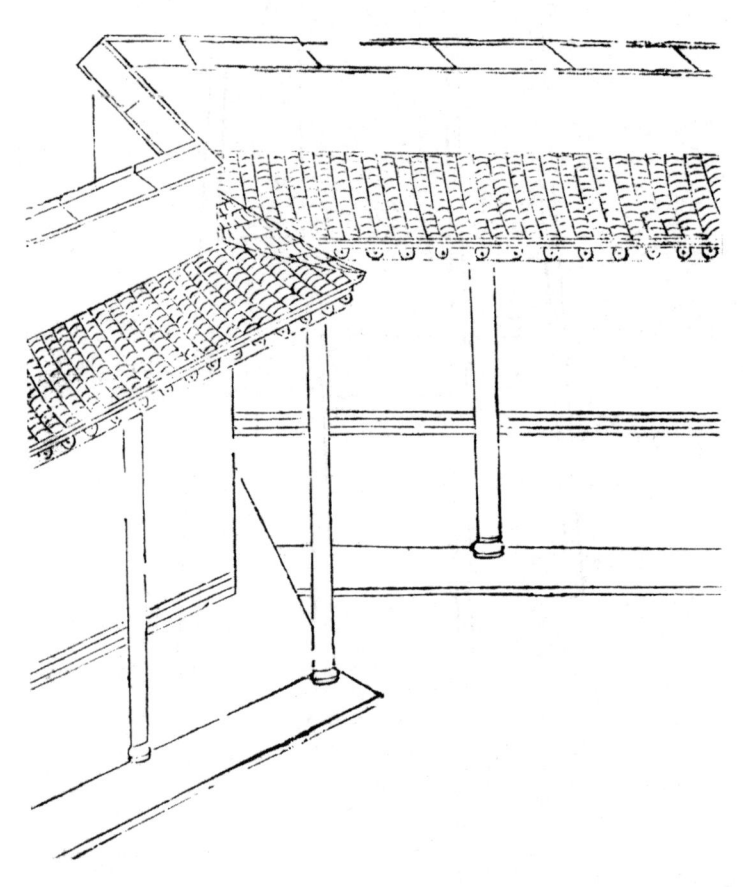

增图 20 廊

四凶星应验

文曲邪淫上吊，廉贞火盗心痛。禄存孤寡目瞎，破军官灾必定。

增图 21　轩辕庙

五行病疾论

○欲定症候，须看五行。

○金则咳嗽气喘，虚怯瘦瘠，或脓疖血疮，筋骨疼痛。

○木则四肢不利，疯气胆肝，左瘫右患，或口眼歪斜。

○火则头疼脑热，三焦口渴，狂言诞语，阳症伤寒，心腹疼痛，恶疮眼疾。

○水则沉涸冷疾，遗精白浊，腰肾淋沥，吐泻呕逆，痨虫杂疾。

○土则脾胃软弱发胀，黄肿虚浮，瘟疫时气等症。

○金木凶死颠狂病，水土相犯不和亲。木土定知伤脾胃，水金痨虫祸来侵。

增图 22　坊

静宅一盘看法

凡看静宅，于天井用尺，分清正中，下十字线，将罗盘放于天井十字正中心，定准二十四山向，看主在某宫某字，门在某宫某字，灶在某宫某字，直断吉凶，万无一错。

增图 23　学堂

动宅变宅化宅三盘看法

凡看动变化宅，先在大门内二门外院之正中，用十字线分开，下一罗盘，看大门在某宫某字，或属东四宅，或属西四宅，则门即定矣。

再至高大房院之正中，下一罗盘，用线牵至高大房门之正中，看在某宫某字系某宅主，即定矣。

又于厨房院中，下一罗经，看灶房门在某宫某字，系东四灶，西四灶，则灶即定矣。

然后将门、主、灶三者合笼，看其相生相克，以定吉凶，无不准验。

至看省郡府厅州县衙署，以及庵观寺院公馆铺店，门、主、灶，一切俱照动静变化宅看法为例。但与民宅稍异，此以禄为主，略重厨灶可也。

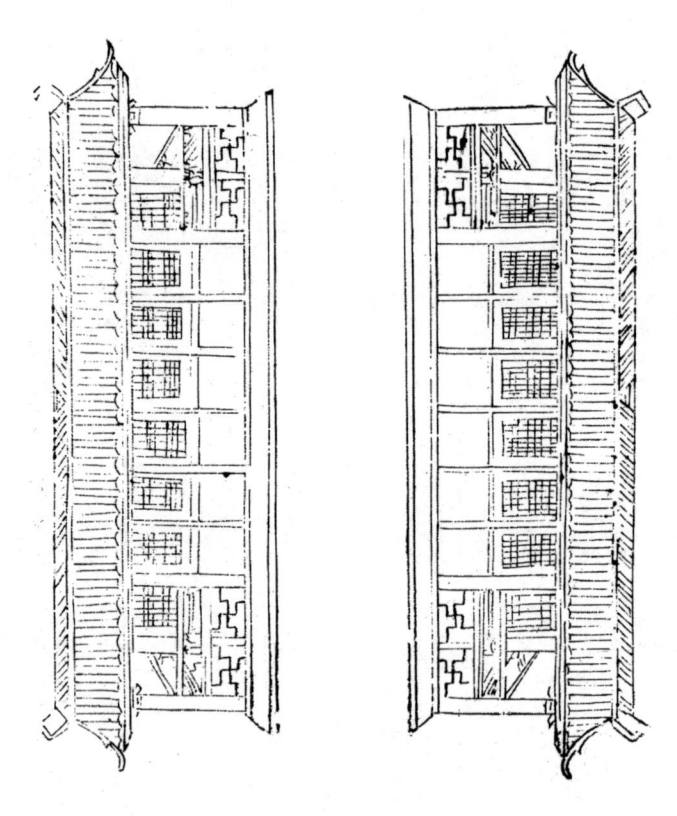

增图 24　房舍

八门起例乾门图

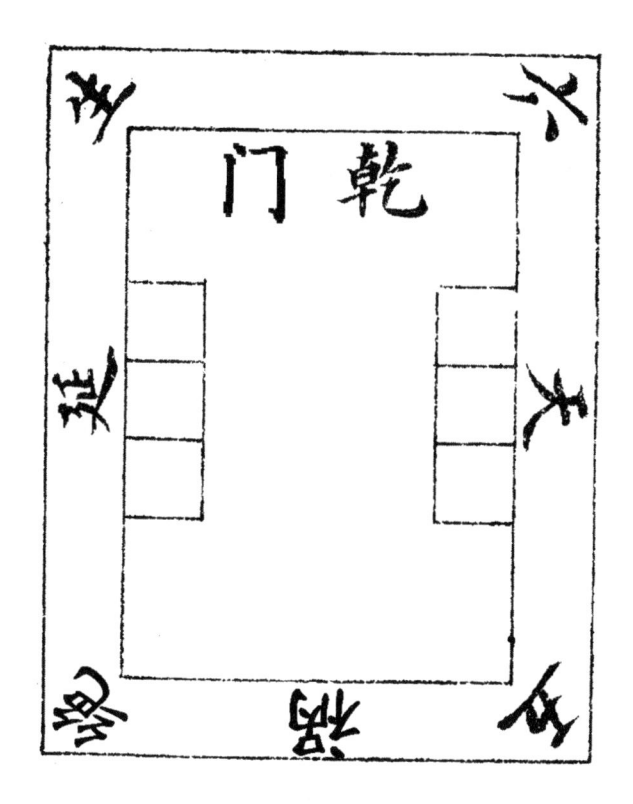

巽山乾向，开正门，在正院中，下罗针，布八卦，分二十四山向，看系某主某门某灶，顺数游年，相生吉，相克凶。余七门同。

各具一太极定主定门定灶法

夫双山二十四字，不能越乎八卦之外，何也？盖一卦管三宫，如戌乾亥三字，皆属乾卦。壬子癸三字，皆属坎卦。

故看主，不论一院两院三院五院，及十院八院，亦不论正房偏房，亦不论是前院后院左院右院，总以最高大者为主房。高大以屋脊论，非专以正房论高大也。即在高大房之正院中下一罗针，看高大房之房门，在八卦双山某宫某字上，即为某主。

至于大门，是言出街之大门，非论门之大小也。欲主吉凶者，非看此门不能。

若夫看灶，则又有别矣。是以灶之房门定灶，而非以灶门定灶也。但厨房多有小院，漏天者即下罗盘。若厨房前后有两门，即下两罗盘，以定吉凶。

八八六十四门，八八六十四主，八八六十四灶，用此三盘看法，再无不准之阳宅。

此各具一太极看法。各院布各院之八卦，各院取各院之吉凶，又合笼来，看门、主、灶相生相克，相生断吉，相克断凶，家家全应。此皆予历验试准之法，真看阳宅之神术妙诀也。

无如世之论阳宅者，不得其诀，故有于大门上下罗盘者，有于正房内下罗盘者，有于滴水之檐下下罗盘者，此数者既不能定一宅之中，则八卦颠倒，阴阳错乱，故致以吉为凶，以凶为吉，毫无准验，要皆缘未谙各具一太极之理耳。

静宅动宅变宅化宅分辨法

阳宅有静、动、变、化四宅，世人多不留心，不能分清，故致相混。

一院为"静宅"，从门上周围，顺作游年。

两院三院四院五院俱为"动宅"，用巧番八卦看。

动宅至五层而止，何也？金木水火土，止有五行。

六层七层八层九层为变宅，变宅至十层而止，取"天一生水，地六成之；地二生火，天七成之"之义。

一六水，二七火，三八木，四九金，五十土，至十数而止，十数又合而为一，故曰"变宅"，用双金双木双土贯井看法。

至于十一十二十三十四十五层，皆为"化宅"。化宅至十五层而止。

五数十数，俱为土数，万物土上生，故曰"化宅"者，化生万物也。

增图 25　曝室

解凶灶法

灶者一家之主，吉凶祸福，其应如响。何也？灶乃养命之原，万病皆由饮食而得，故灶宜安"生气、天乙、延年"三吉之方，不宜凶方。

凶灶莫过于五鬼，其次者六煞，误犯此二灶者，或人口不安，或家多病疾。

如求速效，将旧灶上之灰土，用净水洒扫洁净，逢五日送郊外，有河倾之于河，无河倒之于十字路口，另买新砖新石新土，于门、主之吉方安天医灶，能化凶煞，即刻效验。

木灶应三十日后，土灶应五十日后，金灶应四十日后，火灶应上十日后，水灶应六十日后，即主应吉，或病愈，或得财。子息功名，应在三年之内。

至于凶灶中之铁器，乃刚硬之物，恐凶气未退，宜放空房内，迟百日外方用，则凶气散矣。其余碗盏物件不忌，止忌铁器。

逢五日送者为破五鬼，用香烛纸锞送去即吉，屡试屡验。

吉灶分辨法

人丁不旺，小儿难养，或不生育，老来子息不存，人口不安，久病不愈，并求婚，俱宜安天医灶。再各照宅主命宫天医方安床，安灶口，大吉。

读书无成，功名不利，或家中穷苦，宜安生气灶。以大门定生气，外生内，更准，最速。若求财，百日内有验。三年应吉。

男女短寿，不吉之宅，安延年灶，即寿高，并发财。安大门之延年方，主之天医方，最准。

以上生气、天医、延年三灶，俱要宅命相合。假如不合，即将床与灶口，向本命宫之吉方安之，亦吉。但不如门、主、灶并床与灶口，五者全合本命，为上吉。

增图 26　灶

三吉星应验日期

凡合生气贪狼木星，必生五子。催官出贵，速发巨富。人口大旺，百庆交集，三十日即得财。

凡合天乙巨门土星，夫妇和好。必生三子，富有万钟。家无疾病。人口六畜，平安兴旺。五十日发财。

凡合延年武曲金星，必生四子。中富大寿，日日得财。夫妻和睦，早得婚姻。田产进益，人口六畜茂盛，吉庆常来。

凡合伏位辅弼木星，小富中寿，女多男少。

○以上四吉星开门立主安灶，并灶口之向合者，无不应验。三年，大吉大利。

增图 27 闺阁图

九星生旺方位

贪狼居北主荣昌，巨门到火子孙强。
武曲最宜临土位，各居本位亦生祥。
惟有六煞文曲水，中央受制不为殃。

增图 28　行马图

九星吉凶歌

　　伏位天乙无祸殃，延年生气主吉祥。五鬼廉贞凶要见，定伤人口有灾殃。六煞文曲壬癸水，见伤六畜有惊惶。绝命定伤人口共，祸害临之定不良。此是九星灾殃诀，后学广览细推详。

　　贪狼生气加官禄，武曲延年寿命长。辅弼伏位万事吉，巨门天乙财宝乡。廉贞五鬼人多病，破军绝命罗灾殃。禄存祸害人共口，文曲六煞女不良。

　　生气贪狼木，在坎离震巽位得位，发福攸久。若在乾兑为内克，在坤艮为外战。

　　天乙巨门土在乾，兑艮坤离为得位，发福。在震巽为内克，在坎宫为外战。

　　延年属金，在乾兑为得位，在艮坤为受生气。在离宫为内克，在震巽为外战。

　　绝命破军金在离宫，如穷兽被迫，犹能反噬。在震巽，如强梁得志，虐害忠良；在艮坤，如积粮资寇，养虎贻患；在坎宫，如驱猛兽入穽，犹肆咆哮；在乾兑，如枭獐长大，反噬所生。

　　五鬼廉贞火，在震巽，如火生于木，焚泽燎原。在乾兑，如沃焦烈日，灿石流金。在艮坤，如火焰昆岗，玉石俱焚。在坎宫，如野葛乌头，不受炮制。在离宫，似以膏益火，焰烟转炽。

　　祸害属土，在震巽，如豪奴悍婢，虽受制服，包藏祸心。在乾兑，如劫房归主，始虽效顺，终成反复。在离宫，如认贼为子，自劫家财。在坎宫，如宵人怙恃，恣肆猖狂。在艮坤，如朋比协从，圮族败政。

　　六煞文曲水，在乾兑，如献笑妆台，踰垣窥户。在艮坤，如老妇妻于士夫，倡随可丑。在震巽，如贞女失身，秽德彰闻。在坎宫，如濮上答歌，桑间赠药。离宫，如妒妇同室，啐语哼嗳。

山谷城市论

阳宅山谷，与城市不同。山谷先以峦头为主，而后宅法，龙真气壮，山环水抱，即有大发者。城市以宅法为主，而后峦头。山谷我所独也，城市人所同也。

增图 29 厨

庙星方位

庙者，天星也。何为天星？上应天上之星辰，下司人间之福禄，居凶方则凶，居吉方则吉。

吉方为何？三吉六秀是也。亥震庚为三吉，艮丙巽辛兑丁为六秀。三吉乃福禄之区，六秀乃荐元之地，庙居此方，官民俱吉。

三吉六秀，都城以大堂定，场市以街中定。

除文武庙之外，如东岳、文昌、三官、二郎诸庙，皆有吉无凶。

十字路口，不宜立土地庙。

犯戊己煞，诸事不利。

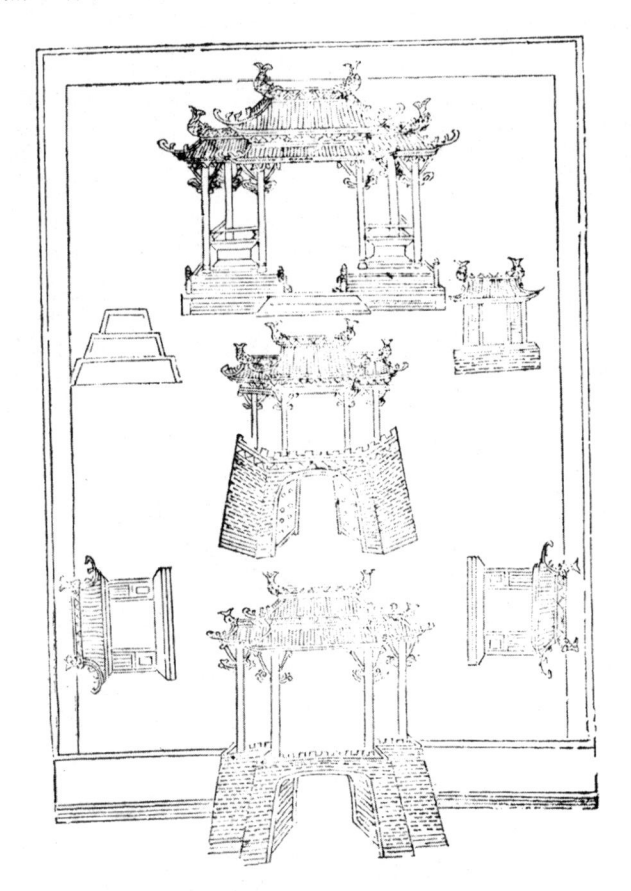

增图30　皋门应门图

文笔高塔方位

凡都、省、府、厅、州、县、场、市，文人不利，不发科甲者，宜于甲巽丙丁四字上，立一文笔峰，只要高过别山，即发科甲。或山上立文笔，或平地修高塔，皆为文峰。

增图 31 栏

八方庙星

〇一白有天星，颠狂淫乱生。

〇二黑有天星，富贵旺人丁。

〇三碧有天星，发科在宅中。

〇四绿有天星，家富贵子生。

〇六白有天星，富豪科甲登。

〇七赤有天星，宅中无鲁公。虽然发科甲，但恐无人丁。

〇八白有天星，豪俊出奇英。富贵谁堪敌，户户颂升平。

〇九紫有天星，瞎目又绝翁。西方若无户，东边缺人丁。

〇一白淫欲小吉祥，二黑无西兮东昌。三碧登科福寿长，四碧金榜兮富强。六白天赐富贵乡，七赤秀丽兮孤霜。八白福禄寿芬芳，九紫眼疾兮子亡。更有五黄戊己方，天星加临灾殃。此中阴阳元藏，参不透兮名奚扬。

三元命诀

　　如天启甲子年系下元，若立命，男起兑宫，为兑命，逆行。乙丑生，为乾命。丙寅，属中寄坤，是坤命。丁卯巽，戊辰震，己丑坤，庚午坎，辛未离，壬申艮，癸酉又属兑，以九宫逆行六十年。女命即顺轮九宫。今康熙二十三年甲子，又为上元。乾隆九年，为中元。

　　上元甲子一宫看，中元起巽下兑间。

　　上五中二下八女，男逆女顺是根元。

　　男一宫一旬，至本旬宫，逆数至生年本命。女一宫一旬，顺数至生年本命。

捷诀

旬头：甲子、甲戌、甲申、甲午、甲辰、甲寅。

〇旬头子戌午辰寅，一四七宫男并布，五二八宫女顺推。男左寄坤女寄艮，甲子周轮本命寻。

假如上元甲子生男，起坎一宫，坎命逆行。乙丑生是离命，丙寅生是艮命。

中元甲子生男，起巽四宫巽命。乙丑生是震命，丙寅生是坤命。

下元甲子生男，起兑七宫，兑命。乙丑生是乾命，丙寅生是中五寄坤二，为坤命。

〇上元甲子生女，起中五寄艮八，为艮命，顺行。乙丑生为乾命，丙寅生兑命。

中元甲子生女，起坤二宫，坤命。乙丑生是震命，丙寅生是巽命。

下元甲子生女，起艮宫，是艮命。乙丑生是离命，丙寅生坎命。

余仿此。

野马跳涧掌诀图

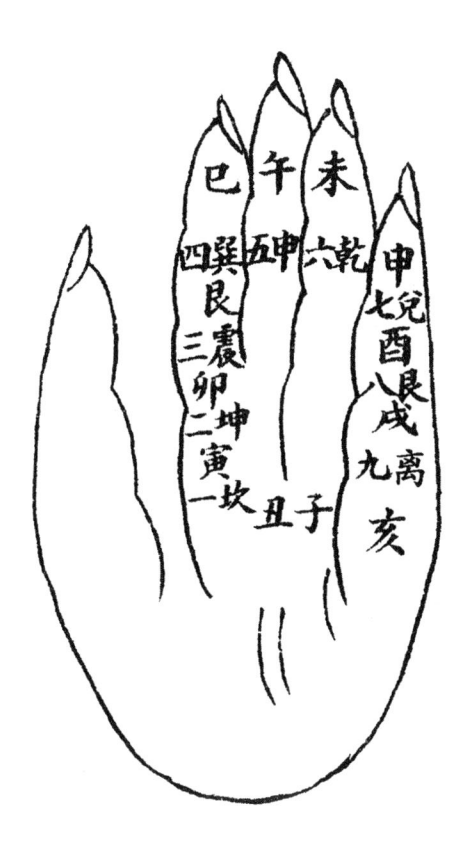

野马跳涧法，从寅数到狗。一年隔一位，不用亥子丑。

地支十二，星止有九，所以去"亥、子、丑"三字不用。

看衙署论

夫衙署大堂，为听政之所，临民之地，以大堂为主，宜正大高明。得贪狼、延年、天乙诸吉星高照，主听讼明决，政令洽从。再得大门与大堂相生，主百姓淳良，民安物阜，下敬上，官民同乐。然官又以禄为主，灶即为食禄之所，最有关系。灶得其所，升迁最利。灶居凶煞，则剥杂丛出。欲顺利升官者，必门、主、灶三者各得其所，或三者俱相生，或两相生、一比和，方为大吉。此看衙署一定不易之理也。屡试屡验。

一、院为静宅，用《游年歌》周围数看。两层、三层至五层为动宅，用单金单木巧番八卦看。六层、七层至十层为变宅，用双金双木双土巧番八卦看。十一层至十五层而止，为化宅，用河图洛书数看。

一、大堂地基宜高，正大光明，主官长循良明决。两旁山头，不宜开门，名四兽张口，多遭命案，越控为非。两山头，不宜有小房，为二鬼抬轿，官受拖累，多信谣言；小人谲张为幻，① 不利。

一、大门下，仪门下，暖阁边，不宜立碑石。立碑石，主口舌是非，讼棍上控，因形似虎牙故也。若大堂前正院中两旁有碑对立，为左执笏，右执笏，主出大宦，忠义之士。或头门外，东西边对立，亦出大儒名士，尤主官长循良，政教大洽。文庙仪门下有碑，出刁恶秀才。

一、大堂前宜宽长方正，似土形金形，主百姓富足，绅士厚道。若有石堆，土堆，树木，遮栏填塞，多出讼棍，诸事不顺。若太长窄逼，形似蛇头鸭颈，主民穷苦。仪门外亦宜方正宽长，不宜蛇头鸭颈。

一、大堂仪门大门，乃布政之所，宜新鲜端正明亮；倘一歪斜破碎，刻应凶事，官多破财，民岁荒歉。

一、大门前照壁，宜高大宽阔，胥徒顺利，并出能干书役，卫护官长。若低小斜破碎，主书役穷迫，百姓困苦，外事不利。

一、大堂前，以至头门外照墙、白虎方，不宜安钱炉碾磨，凶煞形象诸物件，并不宜破房歪斜路射，以及百姓高房破坏照临，俱主不吉。

---

① 校注：谲张：欺诳。以欺骗迷惑别人。《尚书·无逸》："民无或胥，谲张为幻。"

一、大门前两边书办房，宜窗门端正明亮，挨大堂前宽些，仪门内窄些；前窄后宽，似棺材形，出忠臣孝子，百姓贤良富足，书役子孙昌盛。地方上出财主，发八大家。

一、仪门前窄后宽，方长宽阔，似土形，并照墙高大，出好差干役，发富发贵。

一、二堂三堂内院，皆似土形，前窄后宽，主升官顺利。两旁书房客厅院，前窄后宽，主长随发福。若茶炉在贪狼延年天乙方，主门子忠义。若安在五鬼方，主茶房诡诈百出，健仆不逊，偷盗逃走，无一可用。

一、幕友房宜端正明亮，开正门吉。若山头房角开门，为四兽张口，主出无头命案，并百姓上控，口舌是非多端。

一、二堂三堂房端正明亮，厨房再安于生气、延年、天乙之方，主官夫人能干顺利。若院中有乱石土堆，主生眼疾；堆木头，生口舌，为中心木箭。

一、衙署内大门仪门两边墙，要与门齐，不可低矮。低为漏肩，主官民书役穷苦。若歪斜，主官与上宪不合，书役作弊，多出凶案。不论文武衙署，无不应验。

一、文武衙署，马棚宜安生气、延年、天乙方，主马良善肥壮，升官最速，为驷马催官。若安在五鬼方，马多刁烈，倒毙三五不止，并出远差，逃走诓骗，失落公文。马头向东，为吃东吃西，马匹好养，不生疾病。

一、衙署地势，总是端正广大，前窄后宽，两边有斜墙，如棺材形，为紧口衙署，多入少出，主官民富足，升官利财，其应如响。主官才干善断，为开挣衙署。若前宽后窄，为鞭稍蛇尾，官民穷苦，官多公出，不能久在衙署；或失印逃走，不祥。

一、衙署子山午向，壬山丙向，癸山丁向，东北艮上，不宜开门安灶，主使用人偷盗逃走，婢妾私奔，官多惧内，民好越控，多是此处开门安灶之病。坎署离门艮灶，妾不服妻，妇女吵闹，最准。若坎署巽灶，内主官夫人贤德，妾婢安祥；外主仆役顺遂，上宪喜悦。此皆予所历验过者，故爱笔志之。

一、衙署厨灶，宜在生气、贪狼、天乙方，与大门大堂相生比和，主升官旺财，百事顺利，逢凶化吉，十官九升。厨房宜三间五间吉，若开后门，为脱囊灶，散财遭凶案，并小人盗窃逃走为非。

一、衙署灶安五鬼方，必应凶案四五起，或上宪不和，百姓不服，或口舌不断，或讼棍越控，十官九穷，丝毫不爽。升转无期，不利，并多病故丁忧。久居，非降级即挂误。文武衙署犯此，总无善终者。君若不信，请于大小衙署试之。

一、衙署二堂三堂四堂大房后，不宜修一间小屋。若在正中，为披发房，犯寡居，官短寿。若在两边，为燕尾房，多淫散财。若边有边无，为单肘房，主官穷苦，诸事不利，并小人偷盗谋算。又名暗算房，事遭不测，署中最忌。若前后俱是大房，中间小房，即是配房无妨。

一、衙署不论文武，总宜前低后高，前窄后宽。《书》云："前低后高，世出英豪。前窄后宽，进钱万贯。"头门内合此形，主差役富足。大堂前合此形，主书吏富而出仕，并百姓丰裕。二堂三堂合此形，十官九升，其应如响。

一、衙署应验，与民宅稍异。民宅应迟，官署应速。因民宅生子孙，衙署不时换官故也。民宅一二年应者，官署不过三五月；民宅十年八年应者，官署不过三两年；民宅三二十年应者，官署不过在七八年。官署若犯五鬼，其应凶，不俟终日。或门户响动，或鬼怪现形，或邪祟鬼病，其应无比。或四五次遭害不等。凡署中有鬼作乱者，俱是门、主、灶犯五鬼之病。

一、衙署除鬼法。或门或房或灶，犯五鬼，速即折去，用五日破鬼法，将灰土送出城外河中，无河即送到十字路口，用香烛纸钱祭送，则不犯。至于旧灶房所用一切铁器，故在空房内，迟百日，散过金气，方可用。若不出百日内使用，立主应凶，切嘱切嘱。此法最善，屡试屡验。民宅看灶亦然。另安新灶，旧灶内砖土铁器，一概不用，恐犯五鬼故也。

一、衙署厕所宜安五鬼方，诸事顺利；次安六煞方，亦大吉；次再安祸害绝命方，亦顺遂，有吉无凶。厕所安吉方多病症，安凶方却病。

一、大堂前最忌小房小门。若大堂檐水滴到小房小门上，与官大不利。又主乏嗣，伤妻克子，诸事忧愁。大堂总宜独尊，端正明亮，不偏不倚。看衙署第一要留心大堂，不可轻忽。

一、衙署开门放水。凡是子午卯酉四正向放水，能归正库者固好，但恐势有不能，总以右边乙辛、丁癸衰方放水为定论。若乾坤艮巽四维向，即从左边乙辛丁癸方放水，为借库消水，不作冲破养位论。法宜于头门内仪门外之正中下罗盘定之，以便放水。

一、衙署最忌五鬼。五鬼有四：一曰穿宫五鬼，中宫廉贞星高大是也；一曰门与灶犯五鬼；一曰主与灶犯五鬼；一曰门与主犯五鬼，俱主大凶。凡官遭大凶不测之事者，必是犯此五鬼。若非犯五鬼，必不至于大凶。亦有犯五鬼而无大凶者，不过多遭命案，百姓上控；家庭父子，上下乖戾而已。此必有六煞星化五鬼，或官行旺运，能压五鬼，名压煞署，久则终凶，宜照破五鬼法送之。

一、萧曹庙宜立大门内，青龙、三碧、紫气方，合三碧有天星，发科在其中，升迁最利，诸事大吉。并主文人翰苑生香，书役忠孝。

一、监狱宜安大门内，白虎休囚七赤方，坐西向东。监内宜南房、北房、东房高大，西房低小，犯人顺利。灶安坎离震巽四方，不宜安乾坤兑三处。若西房高大，西边安灶，与监门卯酉相冲，与大门火金相克，犯五鬼作乱，主有越狱之虞，出刁恶凶犯多事，视官如仇，不服约束。监内厕所宜安正西方，为上吉，主命案顺利，犯人守法。乾坤方次之。若安离宫，命案多驳，不吉。

一、衙署大门下，不可用青石铺路，名青龙压颈，升迁不利。

一、衙署碾磨，俱宜安休囚方，不可安棚子下，为白虎张口，多口舌。宜安房屋之内，名曰"虎入笼"，诸事顺利。碾磨皆有牙齿，故应口舌，妇女不和。安僻处房里更吉。

坎署离门震灶五层图

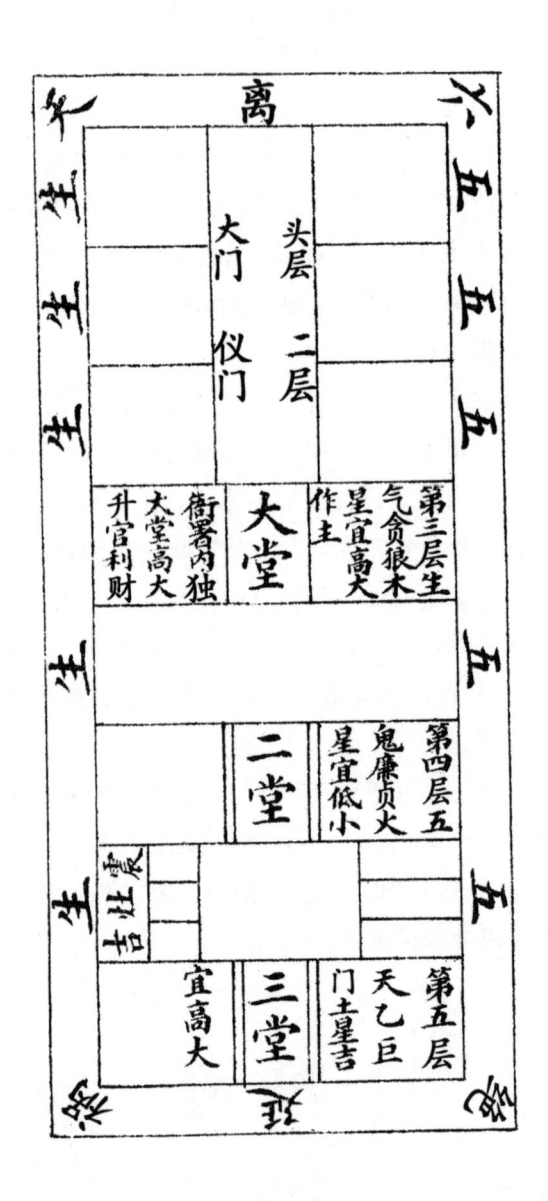

此署头层大门延年金，二层仪门六煞水，三层大堂贪狼木。独三层高大，升官最利。四层廉贞火宜低，五层天医土宜高。灶安震宫巽宫俱吉，名生气灶。坎水生震灶之木，震木生离门之火，水木相生，木火通明，阴阳正配。延年到坎宫，金水相生；大堂高耸，水木相生。宫生星，星生宫，水火既济，衙署中第一大吉。照此图修造，得贪狼之气，三年应吉。逢申子辰亥卯未年，必主升迁。至迟不过六年八年，断无不升。一六属水，三八属木，故三年、八年大吉。

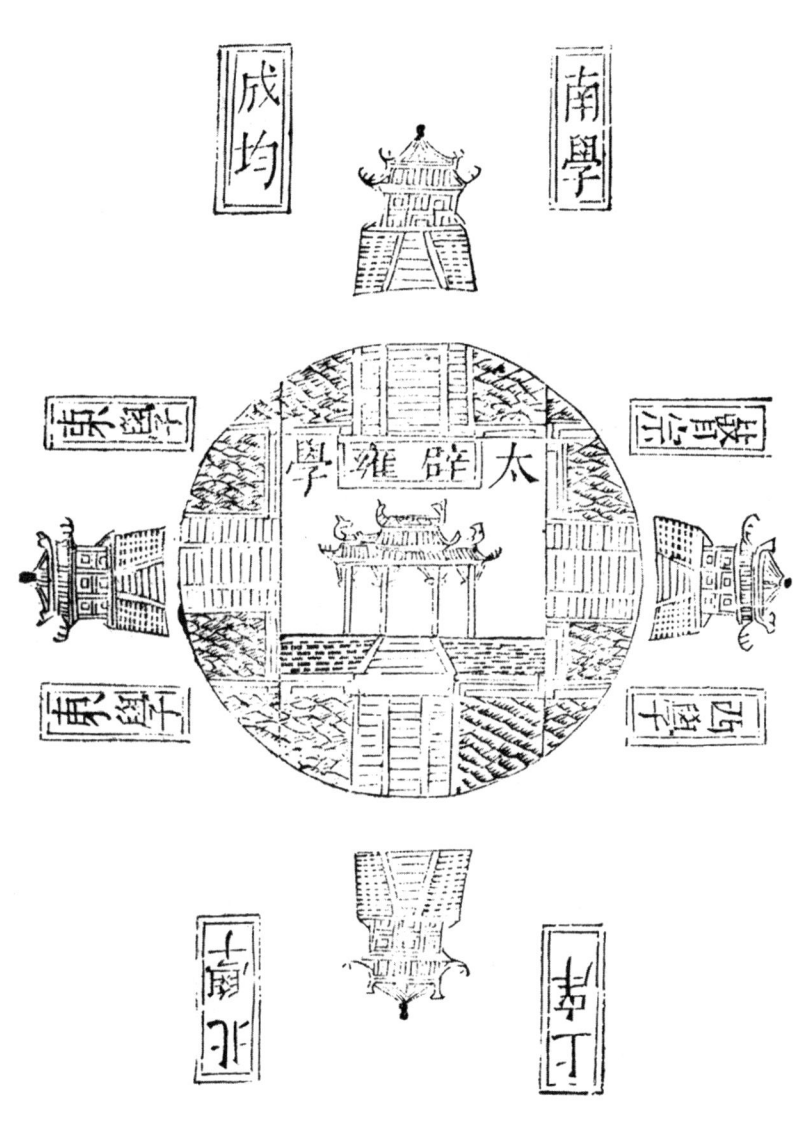

增图 32　天子五学图

坎主七层衙署离门图

第一层	头门	延年金
第二层	仪门	绝命金
第三层	大堂	文曲水
第四层	二堂	辅弼木
第五层	高大堂三作主	贪狼木
第六层	宜低四堂	廉贞火
第七层	宜高五堂	巨门土

子山午向，壬山丙向，癸山丁向，此三向俱作离门坎主看。用巧番八卦，双金双木看。头层金，二层金，三层水，四层木，五层木，六层火，七层天乙巨门土。五层贪狼木，宜高大。灶安震方上吉，巽方次吉。坎水生震巽，木木生离火，名水木相生，木火通明，大吉之衙署，升官最利。

增图 33　天子辟雍图

坎主八层衙署离门图

第一层	头门	延年金
第二层	仪门	绝命金
第三层	大堂	文曲水
第四层	二堂	左辅
第五层	三堂	贪狼木
第六层	四堂	五鬼火
第七层	五堂	祸害土
第八层	六堂	天乙土

离

坎延

此署第五层生气，贪狼木高大，升官利财。第八层天乙巨门星高大，升迁最利。灶安巽巳甲卯方，以及壬子癸方，俱吉。以巽震为上吉，以坎为次吉，断无不升迁者。倘有升迁不利，必是厨房开后门之病，或厨灶不在生气、天乙、延年三方。何也？禄即灶也，食饭即食禄，必是禄不得其所也，故不利。

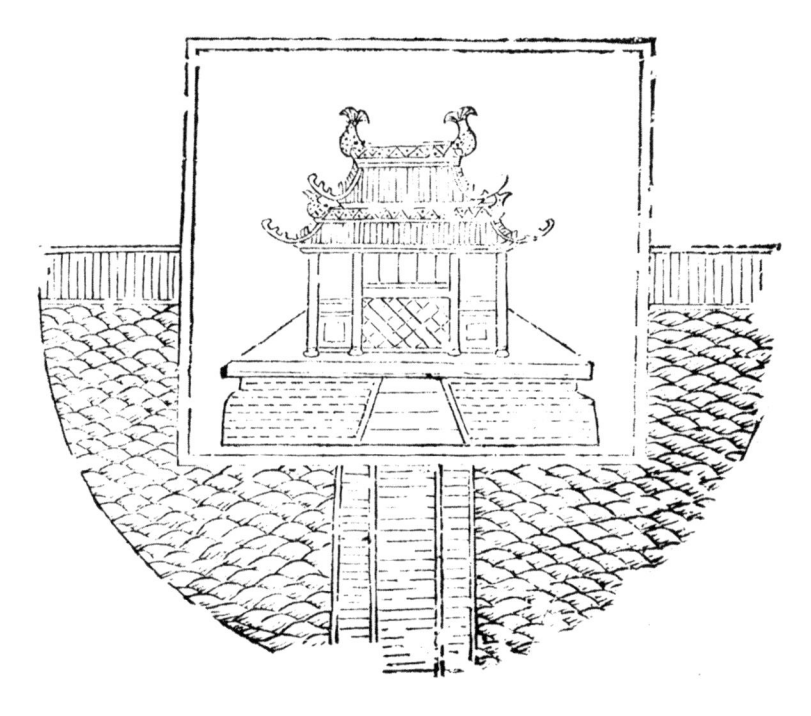

增图 34　诸侯泮宫图

三署总论安灶法

若灶安左边东方，单另一院，即在厨房院正中，下罗盘，布八卦。安坎、离、震、巽四灶，俱吉。惟安震、巽二灶，为禄符地。坎水生木，木生火，以门、主、灶三者相生，论为三吉衙署，必主升迁，大利，三年五年即应。三年属木数，五年土数，至迟不过八年十年。三八属木，五十属土，初运一过，必发。上备三图，余署类推。

欲速升迁，照图修理，厨灶最重，灶为禄所，何也？灶得其位，必主升官利财，此看衙署之捷径也。若升迁不利，或百姓上控，多是大门克灶，或是犯主上五鬼，门上五鬼。如坎署离门，主上五鬼在艮宫，门上五鬼在兑宫，此三处安灶，与官大不利，百发百中，千发千中。倘有不信，请验已往挂误病故之旧署，无有不犯此者，幸勿疑之。

丙午丁三山壬子癸三向第五层土星高大衙署图

一延年金星		
二文曲水星		
三生气木星	灶	
四五鬼火星	灶	
五天乙土星		

（图四周标注：坎、天乙、天医、天医、天医、巽、艮、祸、祸、祸、祸、乾）

此署是坎门离主震巽灶，第五层天医巨门，土星作主，到离宫火生土，为宫生星，升官利财，大吉。

坐南向北七层署图

一	延年金星
二	绝命金星
三	文曲水星
四	辅弼木星
五	贪狼木星
六	五鬼火星
七	天乙巨门土星

此衙署是坎门离主，第七层巨门星高大，安东边生气、天乙灶，升迁大吉。

前窄后宽图

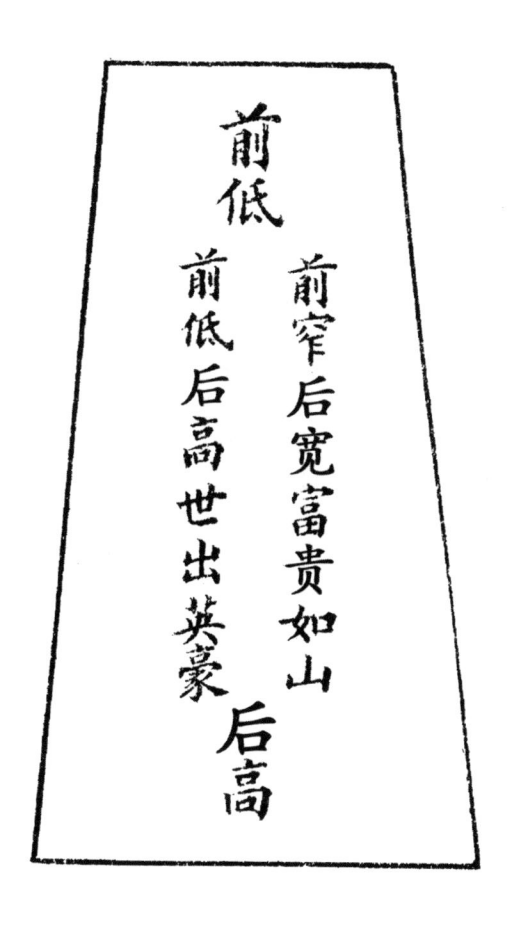

前低

前窄后宽富贵如山

前低后高世出英豪

后高

蛇尾鞭稍图

前宽后窄失印逃走
穷苦不利才短乏嗣

大堂前大门内二堂三堂以及周围墙俱宜棺材形

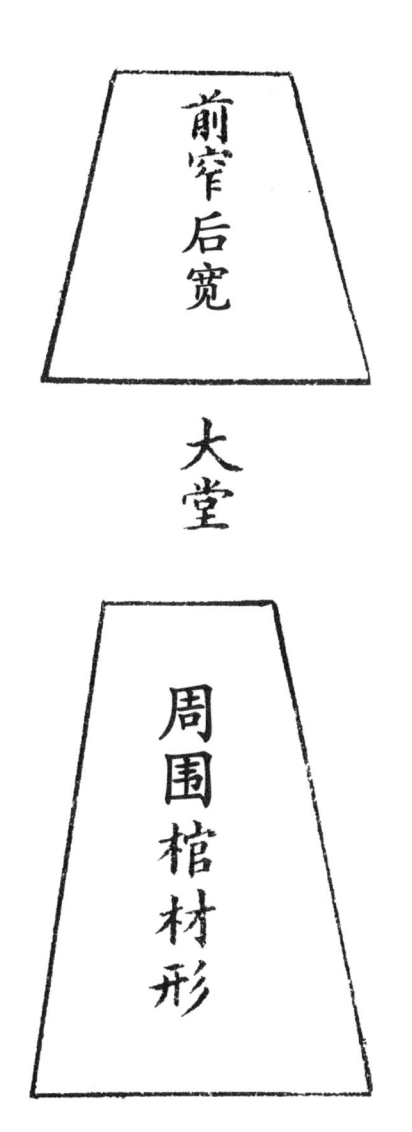

前窄后宽

大堂

周围棺材形

　　凡是阳宅衙署，有前窄后宽棺材形紧口样者，俱主大发横财，最准。请验大财主家与新发之家，多有暗合此形者。欲求生财，须照此修理。

尺寸宽窄吉凶论

　　大堂至仪门，以两门滴水为界，用尺丈量起，以单数为吉，双数为凶。大堂滴水至仪门滴水，宅门后滴水至二堂滴水，三堂四堂，俱以滴水檐为界。总取单数，不取双数。单数属阳，取阳德光亨，发生万物之义。一六水，一数属水，一丈一尺一寸皆为水。三丈属木，五丈属土，用洛书之数。以四尺五寸为步，或用步，或用丈，皆取单数为吉。头门至仪门曰襟局，仪门至大堂曰胸堂，俱宜方阔明亮，不宜太长太狭。长狭为蛇身鸭颈煞，散财穷苦，劳心劳力，不吉。

增图 35　田庐图

长狭凶局歌

局如鸭颈并蛇身，若是公衙最可嗔。
官政每乖虚库帑，境中民物受灾迍。

增图 36　蚕室图

方阔吉局歌

公衙吉局得凭方，宇宙洪荒总括囊。
政绩掀腾高擢速，万民歌舞颂虞唐。

增图 37　茧馆图

方阔图

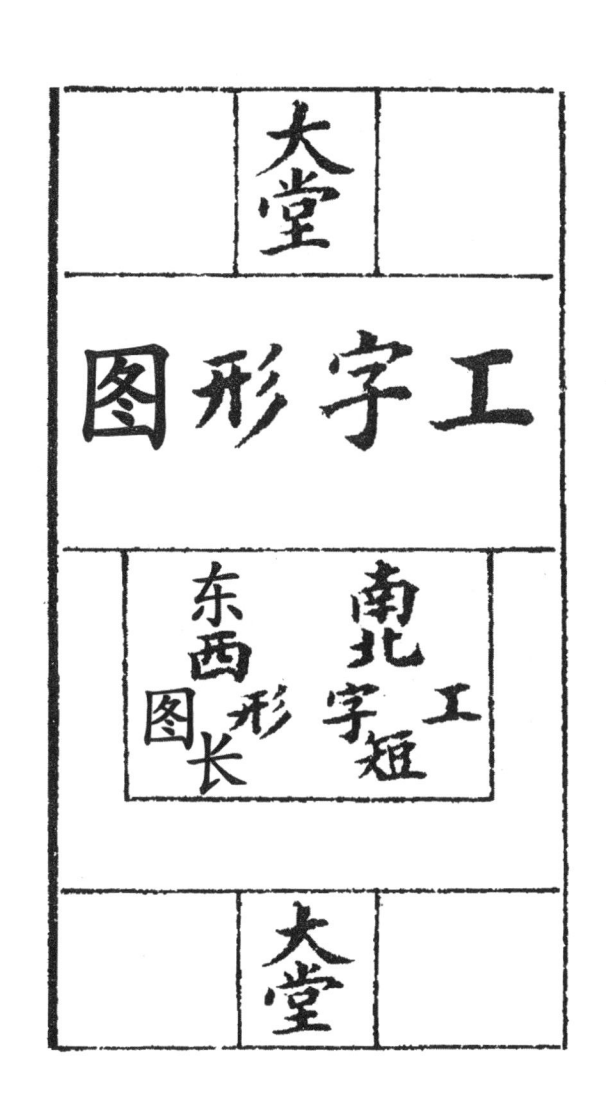

```
┌─────────────────────┐
│ ┌──────┐            │
│ │ 大堂 │            │
│ └──────┘            │
│ ┌─────────────────┐ │
│ │  工 字 形 图    │ │
│ └─────────────────┘ │
│ ┌─────────────────┐ │
│ │ 东    南        │ │
│ │ 西    北        │ │
│ │ 图 形 字 工     │ │
│ │   长   短       │ │
│ └─────────────────┘ │
│        ┌──────┐     │
│        │ 大堂 │     │
│        └──────┘     │
└─────────────────────┘
```

蛇身鸭颈图

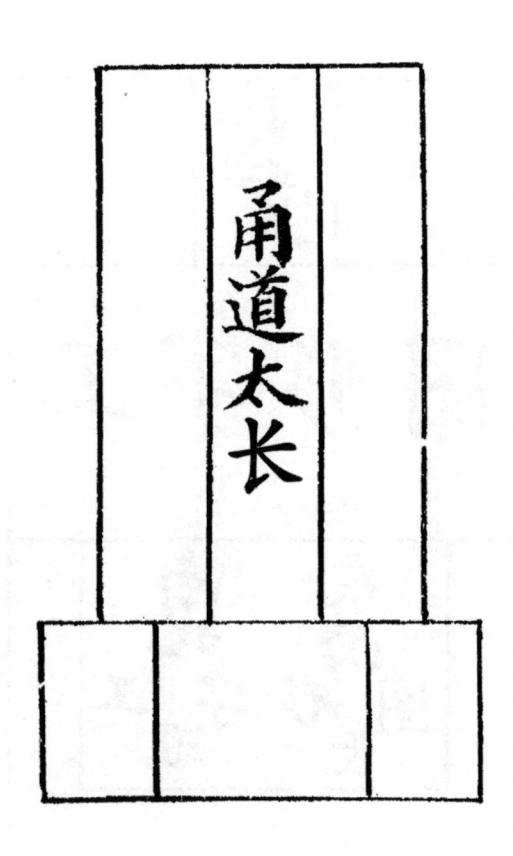

甬道太长

震主兑门巽灶五层压煞衙署图

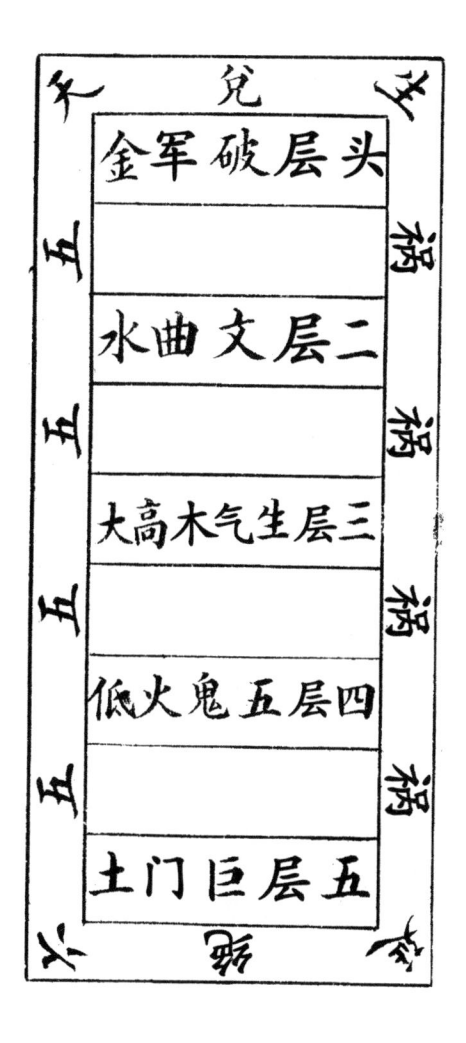

```
         兑
天  ┌─────────────┐ 火
    │ 金军破层头  │
五  │             │ 祸
    │ 水曲文层二  │
    │             │
五  │             │ 祸
    │ 大高木气生层三│
    │             │
五  │             │ 祸
    │ 低火鬼五层四│
    │             │
五  │             │ 祸
    │ 土门巨层五  │
火  └─────────────┘ 金
         坎
```

此署虽是门、主相克，以四正番金巧番八卦论，头层是绝命金，金生水，水生木。第三层得生气贪狼木星高大作主，居正东方，为木星得位。又配巽灶，二木成林，更盛，名为"吉星化煞"。故主初年升官利财，但不可久居，恐因煞一发，不免疼痛瘫患之疾，小儿难养，男女夭寿。急于艮乾二方，修补高大吉星一座，换坤灶，即成全吉。

兑主震门坤灶五层压煞衙署图

　　此署以门、主、灶三者论，俱不吉。以四正番金论，第五层得巨门土，到兑宫，星宫相生，吉星得位，凶煞退伏。又得坤主相生，故主初年升官顺利，久则门、主、灶互相克制，夫妻母子不和，多生噎食、腹胀、疼痛之疾。急宜于艮宫开门，方保无祸。凡系压煞衙署，总是先吉后凶。若认为全吉，则又错矣。

增图 38　先蚕坛图

都郡文武庙吉凶论

阴阳之理，自古攸分；二者不和，凶气必至。故公廨务要合法，而庙亦不可不居乎吉地。吉地者，三吉六秀是也，宜于大堂前下罗经定之。

文庙建艮、甲、巽三字上，为得地。庙右宜高耸如笔如枪，庙左宜空缺明亮，一眼看见城上之文阁奎楼，大利科甲。再得巽、丙、丁有文笔高塔，主出状元神童，名士大宦。

至武庙居亥、庚、丁三字上，为得地。如居丙、丁方，必须坐南向北，合阴阳正配，水火既济之卦。主出武将忠臣，威镇边庭。大则封侯挂印，功压百僚；小则将军帅阃，侍衙武元，武风最利。于是阴阳各安，官民永享福泽矣。

城市中最忌者，文武庙与公廨相近处，中间十字路口，建立土地庙，为戊己煞土押中央。主官民穷苦，功名不利，多出锅臂矮子，坏腿跛脚，风瘫结舌之人；男女淫荡，翁媳通奸；心腹痛疼。坎宫更不利，坎属水，土水相克，夭亡寡居，乏嗣失目，种种祸患，皆犯煞之故也。

定坎宫，宜在近庙处十字路口下罗经方准。

九星吉凶位论

生气属木，在震、巽、坎、离宫为得位，主清高富贵，生五子。甲乙亥卯未年应吉，长房大利。

天医属土，在坤、艮、兑宫为得位，主福禄富贵，仁慈好善，生三子。应戊己辰戌丑未年发福，中男更吉。

延年属金，在乾、坤、艮、兑宫为得位，主督宪兵权，英雄豪杰，生四子。庚辛巳酉丑年发祥，少男更吉。

以上三吉星得地，能催贵催富催丁，再得龙真气壮，不出三年即发。其福之大小，又在龙脉之厚薄以主之。

五鬼属火，大凶。邪祟官词，口舌是非，火盗，生二子。丙丁寅午戌年见祸，长房不利。

祸害属土，主聋哑目瞎，孤寡穷苦，有寿，小房不利。

文曲属水，主淫荡，上吊散财，生一子。

绝命属金，恶疾夭折，绝嗣，孤孀，败产，大凶。

以上四凶星，主、门、灶俱不宜犯，犯之虽龙真气壮，亦不发福。

阳宅总纲

京都以皇殿内城作主,省城以三司衙署作主,州县以公堂作主,儒学以文庙作主,庵观寺院以正殿作主,绅士百姓以高房作主,一院同居数户以锅灶为主,看吉凶。

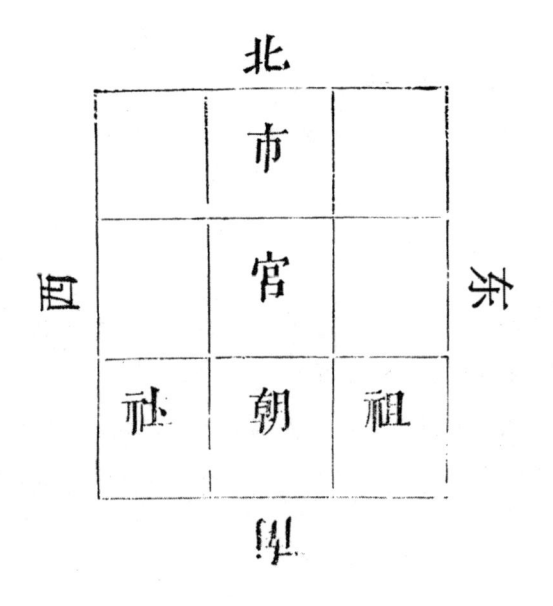

增图 39　国之都图

阳宅三要卷二

此卷系西四宅三十二门，三十二主，一主一门配八灶，吉凶祸福断验法。

西四宅门、主、灶，以延年为上上大吉，土金相生，夫妇正配。以天乙门、主、灶为中吉，虽是相生比和，未免纯阴纯阳，故为中吉。以生气门、主、灶为次吉。

夫生气乃星中第一吉星，何以名为次吉？盖生气虽有阴有阳，但非夫妇之正配，又系宫星相克，故为次吉。

凡系西四三吉宅，皆有吉无凶。若再配西四宫三元，生人居之，子孝孙贤，夫妇齐眉，富贵双全，大吉大利。第恐年限未久，吉凶尚有不应。请验已住过三四十年五六十年者，无一不准，幸勿疑焉。

增图阳宅三要

增图 40 市井图

乾门

乾门乾主

一　乾门乾主☰，乾乾纯阳，伤妇女。

此名伏位纯阳之宅，初年发富发贵，但纯金不化，阳胜阴衰，久则妇女夭亡，孤寡乏嗣，次吉。

门、主配八灶

○坎灶水泄金气，初年得相生之道，吉。久则散财穷苦，嫖赌淫荡，妻子损伤，乏嗣抱养，咳嗽吐痰。

○艮为天乙灶，土金相生，初年富贵双全，生三子。年久纯阳无阴，伤妇乏嗣，重娶妻妾，抱养过继。

○震灶犯五鬼作乱，长子不利，官词口舌，伤人败财，凶死偷盗，多应四五之数，大凶。

○巽灶为禄存土星，与门相生，宫却与门相克，初年小吉，久则妇女短寿，腰腿心腹疼痛。

○离灶火金相克，阴胜阳衰，多女少男，丁财不旺，久多寡居。主头疼眼疾恶疮等症，妇人性刚乏嗣。

○坤灶为延年，土金相生，夫妇正配，主生四子，福禄寿齐全，大吉。

○兑灶为生气，与门、主比和，初年发财发丁，久则重娶妻妾，并出寡居，次吉。

○乾灶与门、主比和，三阳同居，初年发福，久则克妻乏嗣。

乾门坎主

二　乾门坎主☵，天门落水出淫狂。

名六煞，主犯六煞，阴人死之。初年间有发财者，久则克妻伤子，寡居乏嗣，荡产亡家。

门、主配八灶

○坎灶属水，各家不生，为水泄金气，主散财乏嗣，不祥。

○艮灶与门相生，为天医，主生三子。但与门相克，犯五鬼，小儿难养。中男短寿乏嗣，心腹疼痛，蛊胀痞疾。

○震灶与主为天医，与门为五鬼，又属阳，初年稍可，久则大凶。

○巽灶与门为祸害，与主为生气，初年丁财两发，久则筋骨疼痛，阴人寿短，多伤贤妇。

○离灶火金相克，男女短寿，半吉半凶。

○坤灶丁财两旺，但坎主受克，主伤中男，出寡居，二门乏嗣。

○兑灶发丁，妇人寿短，久则寡居淫荡。

○乾灶与门比和，与主六煞，天门落水同断。

乾门艮主

☰ 乾门艮主☶，天临山上家富贵。

名天乙宅。"天乙是福神，建宅三子生。置田三两段，念佛好看经。"初年富而且贵，寿而有丁，男仁女义，但纯阳不化，年久克妻伤子，孤寡过继。

门、主配八灶

○坎灶土克水，水泄金气，主心腹疼痛，痞块虚劳，小儿难养，男女夭亡，重娶妻妾，邪魔作乱。

○艮灶与门相生，与主比和，田产兴旺，儿女受伤，人丁不旺，纯阳故也。

○震灶犯五鬼，与门、主相克，缺嗣黄肿，虚痨脾病，大凶。

○巽灶金木土三者相克，筋骨疼痛，克妻伤子，产劳黄病，小口风疾。

○离灶妇性刚烈，惧内乏嗣，头昏眼疾。

○坤灶为延年、生气，大吉。

○兑灶与门比和，与主相生，吉祥顺利。

○乾灶与门比和，与主相生，初年发富发贵，久则克妻伤子，乏嗣寡居，纯阳故也。

乾门震主

四　乾门震主䷲，鬼入雷门伤长子。

名五鬼宅，外克内，其祸最速。官词口舌，火灾贼盗，多应四五之数。鬼怪作乱，男女夭折，心腹疼痛，田产退败，六畜损伤，父子不和。长门先绝，次及别门，大凶。

门、主配八灶

○坎灶初年犹好，久则人丁不旺。
○艮灶发财不发丁，小儿病疼重重。
○震灶为三阳同居，犯五鬼大凶。
○巽灶妇女短寿，筋骨疼痛，堕胎产亡。
○离灶火金相克，男人夭寿。
○坤灶与门相生，与主相克，吉凶兼半。
○兑灶与门比和，与主金木相伤，凶。
○乾灶三阳同居，双金克木，必绝，大凶。

乾门巽主

五　乾门巽主䷸，乾巽产亡心腿痛。

名祸害宅，初年间有发财丁者，久则妇女死亡，贼盗官讼不利。

门、主配八灶

○坎灶与门、主不相克，初年发财丁，久不旺。
○艮灶与门相生，与主相克，乏嗣不吉。
○震灶为五鬼，大凶。
○巽灶妇女短寿。
○离灶妇女专权，男人短寿。
○坤灶老母夭亡。
○兑灶男女短寿。
○乾灶与门比和，伤妻克子。

六　乾门离主☲，乾离寡居生眼疾。

名绝命宅，老公劳疾短寿，眼昏头疼恶疮，散财贼盗，寡居绝嗣。

门、主配八灶

○坎灶散财，克妻淫荡。
○艮灶主子孙贤良，妇女性暴。
○震为五鬼灶，大凶。
○巽为祸害灶，长妇受克堕胎，产亡夭寿。
○离灶与门相克凶。
○坤灶与门相生，半吉半凶。
○兑灶与门比和，与主相克凶。
○乾灶与门比和，与主相克不吉。

乾门坤主

七　乾门坤主☰☷，天门到地主荣华。

名延年宅，土金相生，夫妇正配，星宫相生，生四子，一家和美，子孝孙贤，富贵荣昌，寿咸期颐，延年得位故也。

门、主配八灶

○坎灶水受土克，中男短命，肚腹疼痛，不吉。
○艮灶与门相生，男女好善，大吉。
○震灶与门、主相克，大凶。
○巽灶与门金木相克，与主木土相克，老母长妇夭寿。
○离灶火金相克，凶。
○坤灶大吉。
○兑灶与门为生气，与主为天乙，大吉。
○乾灶与门、主相生比和，大吉。

乾门兑主

八　乾门兑主☱，天泽财旺多淫乱。

名生气宅，老公少女相配，初年发富发贵，有丁有寿，久则重娶妻妾，寡母掌家次吉。

门、主配八灶

〇坎灶水泄金气，生而不生，散财乏嗣，克妻淫荡。
〇艮为天乙灶，大吉。
〇震为五鬼灶大凶。
〇巽为祸害灶，妇女产亡，筋骨疼痛。
〇离灶火金相克，男女短寿，散财大凶。
〇坤灶大吉。
〇兑灶与门比和，吉。
〇乾灶阳多阴少，妇女夭亡，寡居淫荡荡，次吉。

坤门

坤门坤主

一　坤门坤主☷，重地孤寡掌家园。

名伏位宅，二土相并，同田为富，田产进益，初年发达。久则伤男乏嗣，过继妇女持家，补乾主大吉，或艮主亦可。

门、主配八灶

○兑灶与门、主为天乙，其家济人利物，好善，发富发贵。但三阴同室，久则寡居绝嗣，尤主宠婿过继。

○乾灶为延年灶，大吉。

○坎灶败绝，心疼腹疼，虚痨积块。

○艮灶为生气，吉。

○震灶木土相克，凶。

○巽灶克主克门，男女夭寿，大凶。

○离灶为六煞，不吉。

○坤灶为三土比和，发财乏嗣，寡母义子。

坤门兑主

二　坤门兑主☷☱，地泽进财，绝后嗣。

名天医宅，妇女好善，初年发福。但阴胜阳衰，久则男人夭亡，小儿难养，寡母持家，过继抱养，爱女宠婿，门户不清。

门、主配八灶

○兑灶与门、主相生比和，大吉，但主绝阴无子。
○乾灶为延年，人旺财旺，寿高，功名显达。
○坎灶与门土水相克，凶。
○艮灶与门比和，与主相生，大吉。
○震灶与门、主二者相克，大凶。
○巽灶金克木，木克土，不吉。
○离灶与主犯五鬼，发凶。
○坤灶与门、主比和相生，发财，但三女同居，缺丁。

坤门乾主

三　坤门乾主䷋，地起天门富贵昌。

名延年宅，星宫相生，外土生内金，男女高寿，夫妇和谐，儿女满堂，子孙孝贤，富贵荣昌，善美尽矣。

门、主配八灶

○兑灶为生气天乙，名三吉灶，主大吉。

○乾灶与门相生，与主比和，大吉。

○坎灶与门土水相克，凶。

○艮灶为天乙生气灶，尽善尽美。

○震灶与门、主相克，大凶。

○巽灶犯门上五鬼，大凶。

○离灶火克乾金，凶。

○坤灶与门比和，与主相生，为三吉灶，大吉。

坤门坎主

四　坤门坎主䷭，坤坎中男命不存。

名绝命宅，水受土克，心腹痛，积块黄肿，中男短寿，寡居过继，田产退败，贼盗狂骗，官词口舌，二门先绝，次及别房。

门、主配八灶

○坎灶与门相克，凶。

○艮灶克主，人丁不旺，凶。

○震灶木土相克，不吉。

○巽灶与门犯五鬼，凶。

○离灶与主正配，与门生而不生，半吉半凶。

○坤灶与门比和，与主相克，不吉。

○兑灶男女短寿。

○乾灶初年稍吉，久则淫荡败绝。

坤门艮主

五　坤门艮主䷳，地山土重田产足。

名生气宅，二土比和，同田为富，田产进益，六畜兴旺，男女高寿，儿女满堂，子孝孙贤，年久未免多灾，次吉。

门、主配八灶

○坎灶与门、主相克，大凶。

○艮灶与门、主比和，吉。

○震灶木土相克，黄肿脾胃心疼，男女寿夭乏嗣，不吉。

○巽灶犯五鬼，老母多灾，黄肿产亡，劳病贼盗，阴胜阳衰，妇女持家。

○离灶犯东西不相生，火熟土燥，妇女刁恶，经脉不调，小儿难养。

○坤灶与门、主比和，大吉。

○兑灶与门相生，与主正配，大利。

○乾灶为延年，二土生一金，寿如彭祖，大吉。

坤门震主

六　坤门震主☷☳，人临龙位母产亡。

名祸害宅，木土相克，于母不和。先损财，后伤丁，黄肿脾胃病，有财无丁，有丁无财，丁财不能两全。

门、主配八灶

○坎灶为绝命，腹生积块，中男夭亡。

○震灶与主比和，与门相克，不吉。

○巽灶与门犯五鬼，大凶。

○离灶半吉半凶。

○坤灶与门比和，与主相克，不吉。

○兑灶金木相克，男女短寿。

○乾灶与门吉，与主凶，吉凶兼半。

○艮灶与门比和，与主相克，男女不利，小儿难养。

坤门巽主

七　坤门巽主☴，人埋地户老母死。

名五鬼宅，宅木土相克，老母夭亡，妇女不利，纯阴男人短寿，黄肿脾胃，官词口舌，淫狂赌博，败产亡家，初年生二子，久则乏嗣，义子承宗。

门、主配八灶

○坎灶与门相克，与主相生，吉凶兼半。
○艮灶与门比和，与主相克，多出三寡之嗣，妇女持家。
○震灶木土相克，妇女不利。
○巽灶犯五鬼，双木克坤，男女夭寿，凶而又凶。
○离灶为解神灶，贪生忘克，吉凶兼半。
○坤灶与门比和，与主相克，凶。
○兑灶为三阴，金木相克，男女夭亡，凶。
○乾灶为延年吉，与主相克，妇女短寿。

坤门离主

八　坤门离主☲，人门见火多寡母。

名六煞泄气宅，生而不生，妇女持家，男人夭寿，内乱不堪，久则乏嗣。

门、主配八灶

○坎灶与门相克，不吉。

○艮灶发财，妇女刁悍。

○震灶克门生主，半吉半凶。

○巽灶犯五鬼，不吉。

○离灶初年发财，久则人丁稀少。

○坤灶与门比和，半吉半凶。

○兑灶与离为五鬼，大凶。

○乾灶与主相克，男人短寿，寡居。

艮门

艮门艮主

一　艮门艮主☷，重重叠叠妻子伤。

名伏位宅，二土相并，同田为富。初年发财顺利，久则纯阳不化，克妻伤子，人丁稀少。

门、主配八灶

○坎灶犯五鬼，诸事不利，大凶。

○艮灶与门、主比和，有财无丁。

○震灶木土相克，纯阳伤妻绝嗣。

○巽灶寡居乏嗣，妇女持家，小儿黄肿脾疾，义子过继。

○离灶初年发福，久则悍妇搅家。

○坤灶与门、主比和，吉。

○兑灶为正配，延年土金相生，大吉。

○乾灶为天乙，父子好善，绝阳克妻，小儿不利，初年虽发富贵，久则嗣绝不吉。

艮门震主

二　艮门震主☳，山雷相见小儿死。

名六煞入宅，门、宫、星三者内外交战，家道不宁，散财乏嗣，黄肿脾病。

门、主配八灶

○震灶与门相克，散财，不吉。
○离灶与门为泄气，主为生气，吉凶交集。
○坤灶与门比和与主相克，不吉。
○兑灶发财克男，寡妇持家。
○乾灶与主犯五鬼，凶。
○坎灶与门犯五鬼，大凶。
○艮灶与门比和。
○与主相克不吉。

艮门巽主

三　艮门巽主䷏，山临地户寡母绝。

名绝命宅。土受木克，小儿难养，脾病风疾黄肿，寡母义子，奴仆逃走。

门、主配八灶

○震灶土木相克，小儿难养，绝嗣。

○巽灶寡母孤儿，抱养异姓。

○离灶悍妇专权，经脉不调，久则血山崩漏。

○坤灶与主木土相克，男妇不利。

○兑灶金克木，妇女夭亡。

○乾灶木受金伤，产亡堕胎，筋骨疼痛。

○坎灶与门为五鬼，凶。

○艮灶与门比和，与主相克，不吉。

艮门离主

四　艮门离主䷏，鬼临地户妇女刚。

名祸害宅。火热土燥，阴胜阳衰，男人懦弱，悍妇作乱，家道不和。或爱妾妒妻，恃宠而骄。年久乏嗣，经脉不调，血山崩漏。

门、主配八灶

○艮灶与门比和，初年发财，稍吉。

○震灶土木相克，乏嗣，不吉。

○巽灶木克艮土，寡居绝嗣。

○离灶妻夺夫权，妇女当家。

○坤灶与门比和，发财。

○兑灶与离相克，少妇凶死。

○乾灶离火克乾金，老公短寿。

○坎灶犯五鬼，大凶。

艮门坤主

五　艮门坤主☷，山地田产多进益。

名生气宅。二土相并，同田为富；家道兴隆，田产进益；功名显达，子孝孙贤；夫妇高寿，富贵荣昌。年久星宫相克，小儿虽生风病脾疾，人丁却旺，无妨，次吉宅。

门、主配八灶

○震灶克门克主，男女夭亡，小儿难养，官词口舌，家道不和，克上克下故也。

○巽灶木土相伤，绝嗣，不吉。

○离灶虽生门生主为泄气，出悍妇，不吉。

○坤灶与门、主比和，吉。

○艮灶与门、主比和，吉。

○兑灶与门、主相生，大利。

○乾灶为天乙，大吉。

○坎灶大凶。

艮门兑主

六　艮门兑主☷，山泽人旺家富贵。

名延年得位、金星登殿之宅。土金相生，夫妇正配，少年登科；外生内，发横财，六畜兴旺，田产进益；夫妇和谐，子孝孙贤；妇女俊秀，巾帼丈夫，寿百旬；兴家立业，生四子。小房兴隆。星宫相生，比和，西四宅第一吉宅。甘罗十二为宰相，即此宅。若四层五层动宅，第四层五层高大，再配乾灶，更吉。

门、主配八灶

○震灶与门、主相克，凶。
○巽灶妇女寿短之嗣，不吉。
○离灶与兑金相克，少妇凶死。
○坤灶生三子五子，福禄寿齐全，诸事大吉。
○兑灶土金相生，贤妇持家，出女秀，为兑金得位故也。
○乾灶为天乙生气，名三吉灶，与门相生比和，连发富贵，寿享耄耋，大吉。
○坎灶与门为五鬼，大凶。
○艮灶与门比和，大吉。

艮门乾主

七　艮门乾主☰，山起天中子贵贤。

名天乙宅。外土生内金，一家好善，生三子，发财发贵，男人寿高。久则纯阳不化，克妻伤子，孤寡过继，次吉。

门、主配八灶

○震灶金克木，犯五鬼六煞，大凶。
○巽灶木土金三者互克，男女夭寿，不吉。
○离灶火克乾金寡居散财乏嗣，眼疾恶疮。
○坤灶与门比和，与主相生，大利。
○兑灶土金相生，吉。
○乾灶与主比和，与门相生，但纯阳无阴，三阴同居，乏嗣克妻。
○坎灶与门犯五鬼，小儿夭亡。
○艮灶与门、主相生比和，次吉。

艮门坎主

八　艮门坎主☵，鬼遇汪洋落水伤。

名五鬼宅。投河自缢，官词口舌，偷盗火灾，败产亡家，父子兄弟不和，克妻伤子，忤逆不孝，腹内积块疼痛。

门、主配八灶

〇震灶与门木土相克，不吉。
〇巽灶黄肿风病，寡居，不吉。
〇离灶悍妇搅家。
〇坤灶中男短寿。
〇兑灶平安。
〇乾灶克妻伤子，散财淫荡赌博。
〇坎灶与门相克，祸从天降，外克内，大凶。
〇艮灶与门比和，与主相克，凶。

兑门

兑门兑主

一　兑门兑主☱，泽重少妇掌兵权。

名伏位宅。二金比和，初年发财，久则纯阴，男人短寿，人丁稀少，孤儿寡母，次吉。

门、主配八灶

○乾灶为生气，吉。
○坎灶为泄气，散财克妻。
○艮灶夫妇正配，土金相生，大吉。
○震灶与门、主相克，凶。
○巽灶阴克阴，妇女作乱，夭亡绝嗣。
○离灶火克兑金，主妖魔入宅，鬼怪重出，大凶。
○坤灶纯阴，三女同居，阴胜阳衰，男女短寿绝嗣，不吉。
○兑灶与门比和，有财无丁。

兑门乾主

二　兑门乾主䷬，泽天寡母掌财源。

名生气宅。二金比和，田产进益，人丁兴旺，妇女短寿，重娶妻妾，年久多出寡居。

门、主配八灶

○乾灶为比和，吉。
○坎灶为泄气散财，男女夭亡。
○艮灶与门、主相生，大利。
○震灶犯五鬼，金克木，夭亡寡居，凶。
○巽灶金木刑战，妇女短寿，长妇长男不利。
○离灶克门克主大凶。
○坤灶与门、主天乙延年，大利。
○兑灶与门、主比和，吉。

兑门坎主

☰ 兑门坎主☵,白虎投江六畜伤。

名祸害泄气宅。产业退败,少妇夭亡,嫖赌淫荡,久后败绝,凶。

门、主配八灶

○乾灶散财伤丁,不吉。

○坎灶妇女短寿。

○艮灶小儿夭亡,乏嗣,不利。

○震灶与门金木相克,不利。

○巽灶木受金克,妇女不利。

○离灶与门犯五鬼,大凶。

○坤灶与主相克,中男夭寿,寡居乏嗣。

○兑灶妇女短命,不利。

兑门艮主

四　兑门艮主☱☶，泽山增福小房荣。

名延年宅。星宫相生，男聪女秀，忠孝贤良；家道和顺，富贵荣昌；粟陈贯朽，科甲连绵。小房更盛，男女高寿。四年九年发福，巳酉丑年应吉，西四宅第一吉宅。

门、主配八灶

○乾灶天乙生气，大吉。
○坎灶泄门之气，又犯五鬼，大凶。
○震灶与门、主相克，凶。
○巽灶木土金互相刑克，凶。
○离灶与门犯五鬼，大凶。
○坤灶为天乙生气大吉。
○兑灶与门比和与主相生吉。
○艮灶土金相生比和吉。

兑门震主

五　兑门震主䷹，虎入龙窝劳蛊尪。

名绝命宅，木受金克，寡居绝嗣，长男长女夭亡，心腹腰腿疼痛，伤夫克子，家道不和，田产退败。

门、主配八灶

○乾灶与门比和，与主犯五鬼，大凶，凶。

○坎灶主伤男，损子克妻，凶。

○艮灶木土金互相克伤，不利。

○震灶与兑相克，凶。

○巽灶金克木妇人夭亡，凶。

○离灶与门犯五鬼，大凶。

○坤灶与门相生，与主相克，不利。

○兑灶与门比和，与主相克，凶。

兑门巽主

六　兑门巽主☱，虎逢限地亦阴阳。

名六煞。宅主木受金克，二女同居，阴盛阳衰，克夫伤子，人财败绝，多生疼痛之灾。

门、主配八灶

○乾灶木金刑战，妇女短寿，凶。
○坎灶泄门之气，不利。
○艮灶与主相克，小儿不利，寡居乏嗣。
○震灶与门相克，男女夭亡，不吉。
○巽灶名三阴同居，相克不和，丁不旺。初年间有发财者，娶三妻，无一子，凶。
○离灶犯五鬼，大凶。
○坤灶与门犯五鬼，凶。
○兑灶与门比和，与主相克，不利。

兑门离主

七　兑门离主☲，虎火炎蒸女少亡。

名五鬼宅。阴火克阴金，妇女作乱，妻夺夫权；男人短寿，妇女夭亡，人丁不旺；凶死人命，败产绝嗣；咳嗽吐痰，劳疾多灾，鬼怪作乱，大凶。

门、主配八灶

○坎灶泄兑金之气，男女夭寿，不吉。
○艮灶平安，半吉半凶。
○震灶金克木，不吉。
○巽灶金木刑战，不吉。
○离灶与门为五鬼，大凶。
○坤灶半吉半凶。
○兑灶与主为五鬼，大凶。
○乾灶火金相克，男女短寿，凶。

兑门坤主

八　兑门坤主☱☷，泽地财隆异姓居。

名天乙宅。天乙是福神，家道甚兴隆。其家多好善，看佛又念经。阴旺阳衰，女多男少，母女好善；爱女宠婿，绝嗣螟蛉，先吉后凶。

门、主配八灶

○乾灶为生气延年，大吉。
○坎灶男女短寿，凶。
○艮灶与门、主相生比和，诸事顺利。
○震灶与门、主相克，凶。
○巽灶金木土三者互克，大凶。
○离灶与门为五鬼，大凶。
○坤灶吉，但纯阴，有财无丁，久则绝嗣。
○兑灶与门比和，纯阴，伤夫克子。

以上西四宅，四八三十二门，俱从门上起游年，看主房之吉凶，并灶之吉凶。

门、主、灶三者相生断吉，相克断凶。

乾坤艮兑为西四宅，若门、主、灶三者俱在西四宅，名三吉宅，发福悠久。

动宅四隅门看法

动宅四隅，乾、坤、艮、兑，向开四隅正门，俱用巧番八卦，从坐山主房起游年，到向上，看得何星。即依是星，从门上相生而进，看主房上星之吉凶。若门偏一边，则从门上起游年，顺数至向上，往里番，不论有房无房，即墙也算一星。如兑主艮门动宅，即从艮上起游年，到震宫，是六煞；头层墙即算六煞，水星，二层生气木，依次生进。此偏门番星一定不易之法。余类推。

增图 41　牛室图

西四宅乾坤艮兑四游年起例

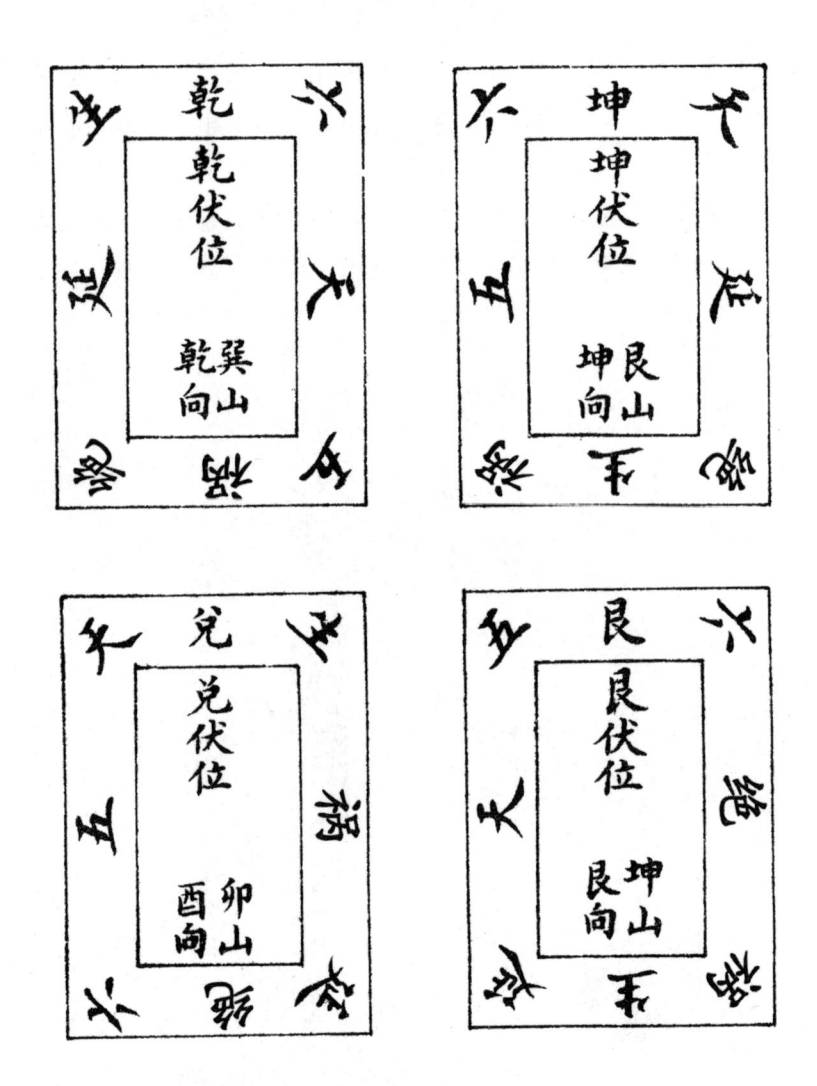

乾宅（乾伏位　巽山乾向）
坤宅（坤伏位　艮山坤向）
兑宅（兑伏位　卯山酉向）
艮宅（艮伏位　坤山艮向）

以上四图，是西四宅看门、看主、看灶、看灶口、看命宫之法，五者俱用此四图，顺布八宫之游年，以定吉凶。若五者俱合，此四游年图为全吉宅，福寿双隆，富贵无敌。若有一者不合，不能如是。男女命宫俱合，更准。

延年天乙生气宅图

巽山乾向乾门坤主艮灶延年宅图

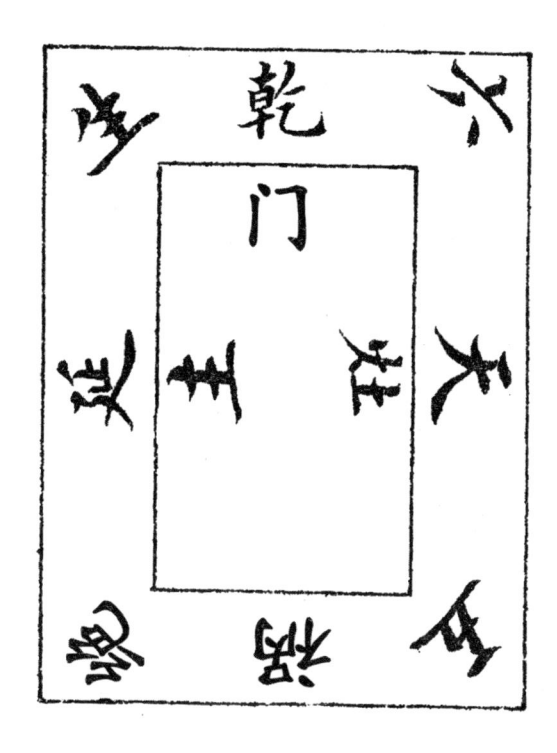

乾门坤主艮灶为延年宅。天乙灶二土生乾金，男女有寿，妻贤子孝，富贵荣昌，丁旺财旺，科甲连绵，小房更盛，生四子为三吉宅。

艮山坤向坤门艮主乾灶生气宅图

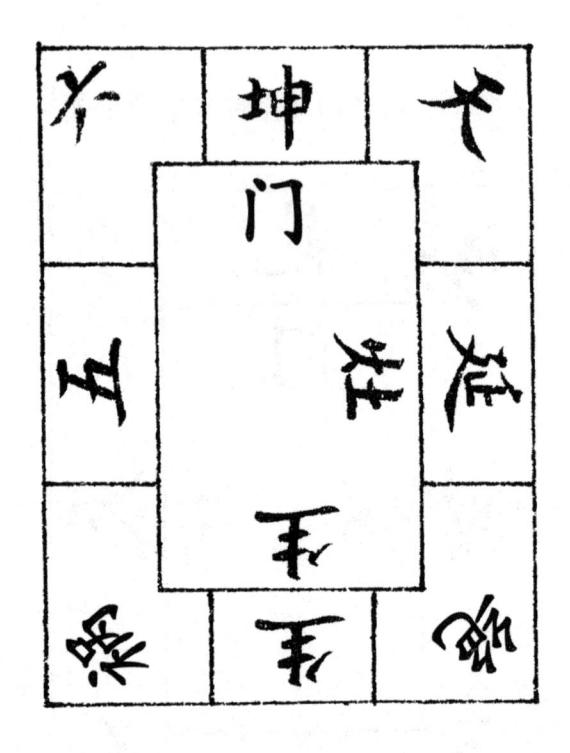

坤门艮主乾灶，子投母怀，一家和顺；二土相并，财帛丰隆。老阴少阳，生乾金，寿享期顺，功名显达，夫妇和谐，父慈子孝，为生气三吉宅。

卯山酉向兑门艮主坤灶延年宅图

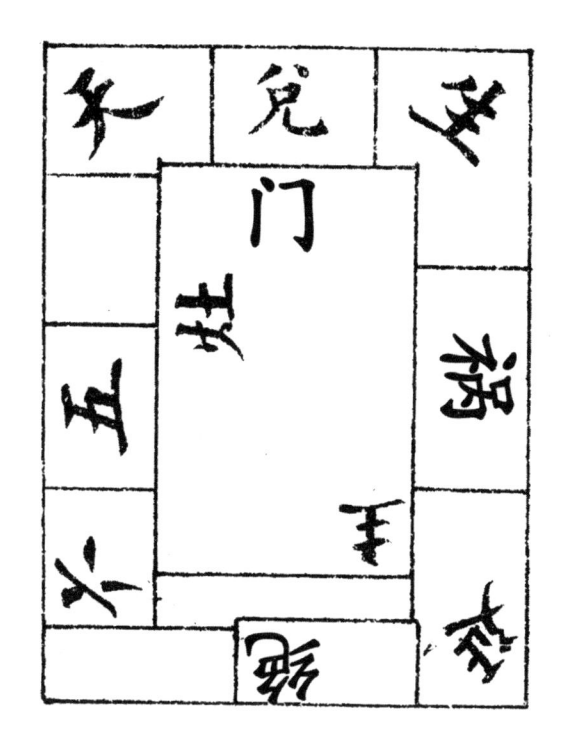

东房五间，北三间高大，南两间低小，用各具二太极，看正中院，布八卦。三间高大房，偏东北在艮宫，即为艮主兑门坤灶，五福齐全，三吉宅。

酉山卯向艮门兑主乾灶延年宅图

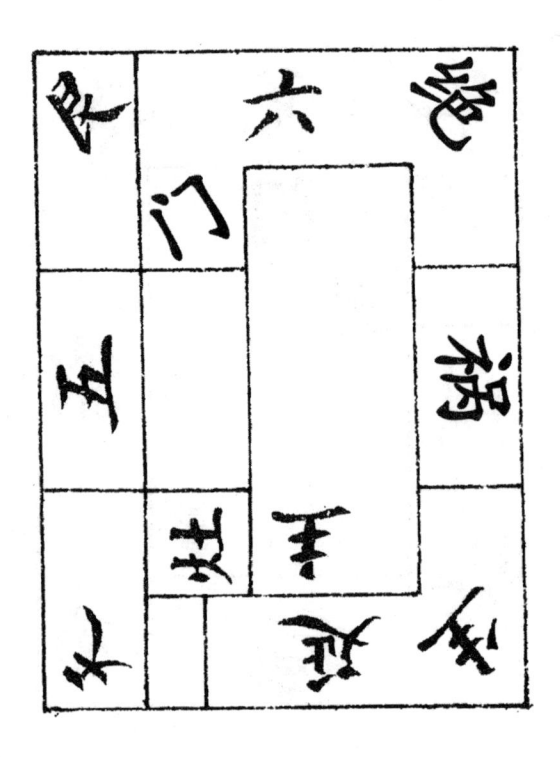

此宅星宫相生，外生内，发福最速，名金星登殿。生四子，先发小房，次发别房，贤妇持家。配乾灶，寿高好善，粟陈贯朽，功名显达，儿孙满堂，福寿双全，巳酉丑年大吉。西四宅静宅中第一吉宅。

卯山酉向乾门坤主艮灶天乙宅图

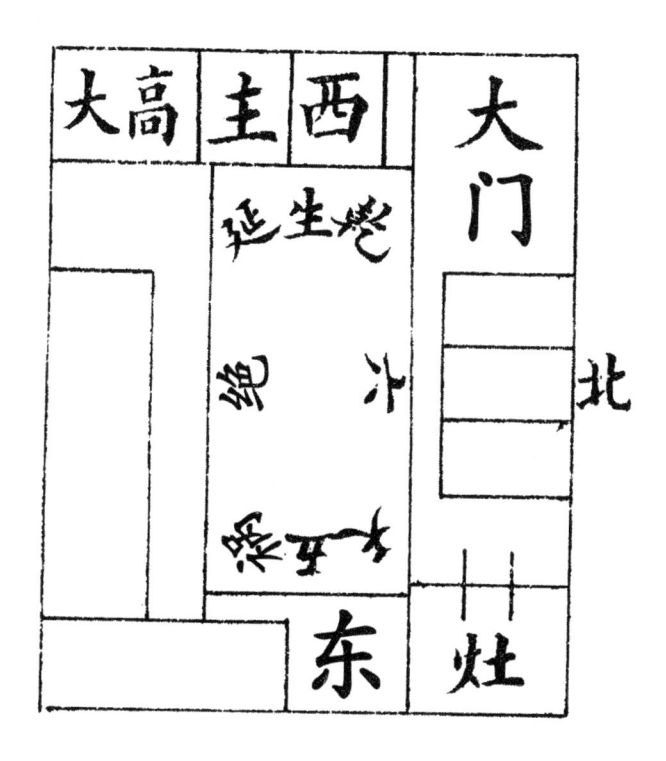

此宅系路东宅，门向西开西房高大，东南北三方低小，以西房为坤主，乾门艮灶，三吉宅，大利。

卯山酉向乾门艮主坤灶天乙宅图

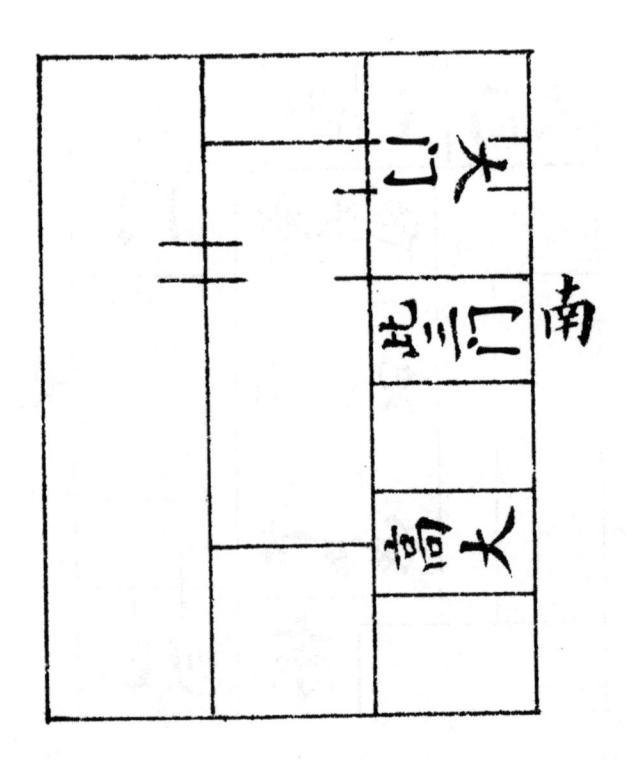

此是路南宅，坐东向西，东边地势高，北边房高大，是乾门艮主坤灶三吉宅，必在中院布八卦方向。

以上六图，是西四宅延年生气天乙三吉宅，再合宅主命宫，则吉上加吉。即不合命宫，亦无妨。盖三吉宅不论东四命人西四命人居住，总有吉无凶，不过止分大发小发耳，断无不发者。此论阳宅之妙法，余宅类推。

增图 42　仓

滴泪房

大房檐下有小房小门，名"滴泪房"。"大房滴小房，儿孙哭断肠"，主小口夭亡，多病难养。若在五鬼方，必伤小儿五个，人丁不旺者切忌。

增图 43　廪

艮主坤门乾灶第六层高大七层变宅用巧番八卦双木双土看法图

```
祸    生    延
  ┌─────────┐
绝│头层大门生气木星│天
  ├─────────┤
  │二层左辅木星  │
绝│         │天
  ├─────────┤
  │三层廉贞火星  │
绝│         │天
  ├─────────┤
  │四层祸害土星  │
绝│         │天
  ├─────────┤
  │五层天乙土星  │
绝│         │天
  ├─────────┤
  │六层延年金星宜高│
绝│         │天
  ├─────────┤
  │七层文曲水星宜低│
绝│         │天
  └─────────┘
  六    艮    年
```

此宅是艮主坤门乾灶，第六层延年星到艮宫，宫星相生，延年得位宅，大发富贵，人丁兴旺，男女高寿，余变宅类推。

坤主艮门乾灶八层变宅用双木双土双金看法起例图

```
绝          生          祸
┌─────────────────────┐
│  一层 生气 木 星      │
├─────────────────────┤
│  二层 左辅 木 星      │
延                    五
│  三层 五鬼 火 星      │
├─────────────────────┤
│  四层 祸害 土 星      │
延                    五
│  五层 天乙 土 星      │
├─────────────────────┤
│  六层 延年 金 星 高   │
延                    五
│  七层 破军 金 星      │
├─────────────────────┤
│  八层 文曲 水 星      │
└─────────────────────┘
 天          乾          火
```

此宅从坐山坤上起游年，到艮宫向土是生气，木头层生气木，二层辅弼木，三层廉贞火，四层祸害土，五层巨门土，六层延年金，七层破军金，八层文曲水。独六层延年金星高大，坐于坤宫，星宫相生，甚为得地，五福齐全，大吉之宅，必配乾灶方准。余变宅类推。

子山午向巽变坤门三盘看法坤门次主兑灶宅图

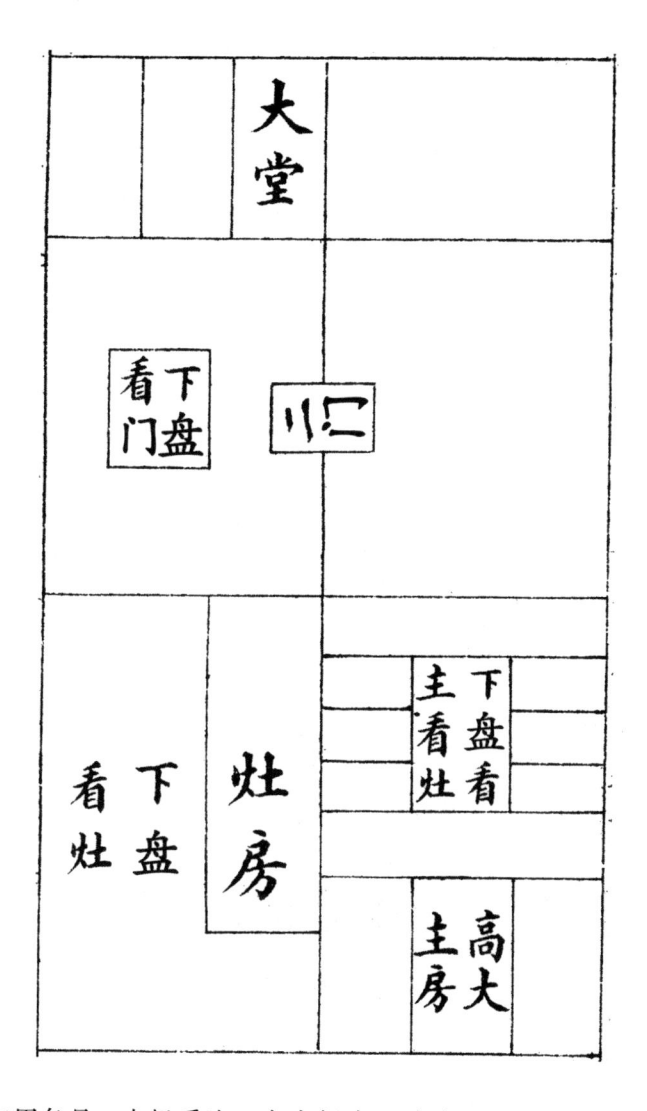

```
┌─────────────────────────┐
│    │   大   │            │
│    │   堂   │            │
│    │       │            │
│    ├───────┘            │
│                         │
│    ┌───┐   ┌───┐        │
│    │下 │   │ 门│        │
│    │看 │   │   │        │
│    │门 │   │   │        │
│    │盘 │   │   │        │
│    └───┘   └───┘        │
│                         │
│                         │
├──────────┬──────────────┤
│          │    ┌──┐      │
│          │    │下主│     │
│          │    │盘看│     │
│  ┌──┬──┐ │    │看灶│     │
│  │看│灶│ │    └──┘      │
│  │下│房│ │               │
│  │盘│  │ │    ┌──┐      │
│  │灶│  │ │    │高大│     │
│  └──┴──┘ │    │主房│     │
│          │    └──┘      │
└──────────┴──────────────┘
```

　　凡此宅用各具一太极看法，在大门内正院中下罗盘，看门则偏西为坤门，在后院下盘看主，是坎主艮灶。以艮灶论，二土俱克坎水，中男短寿。以厨房东院看，是兑灶泄金气，妇女夭亡，俱不吉。若不用此三盘看法，鲜不谓为坎主巽门，正所谓"差之毫厘，失之千里"矣。

子山午向并排三院坤变巽各具一太极两盘看法图

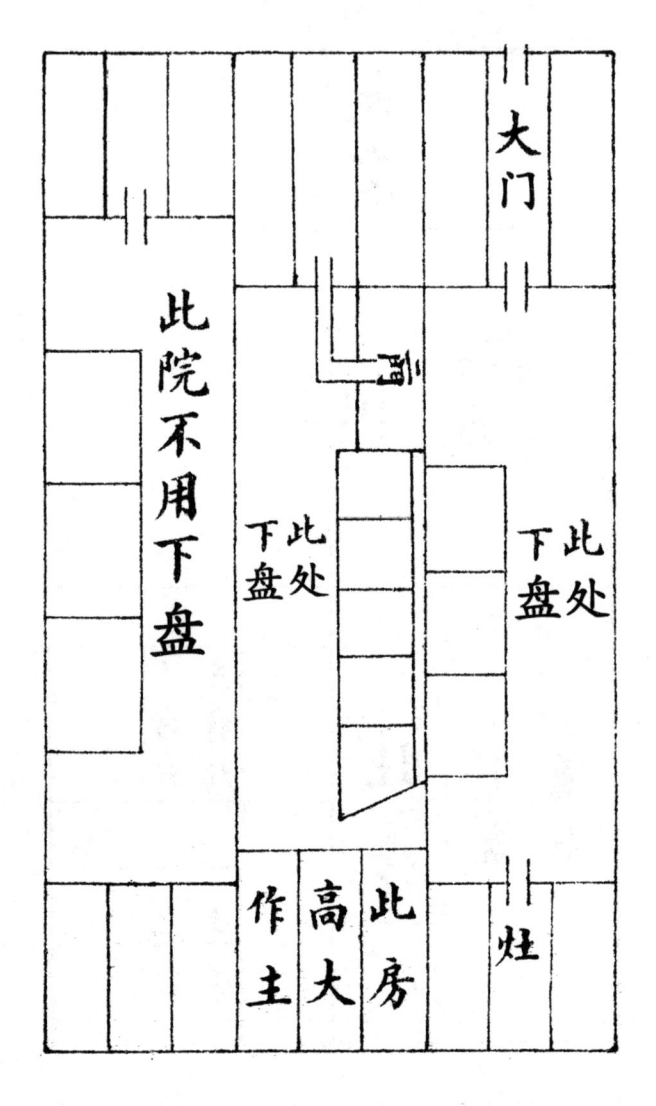

此宅坐北向南，并排三院。若不知各具一太极看法，多视为坎主坤门乾灶。不知右边西院有南房东房北房，无西房，则门偏东为巽门，灶偏东为艮灶，正中院有西房，无东房，则上房偏西为乾主，必如此各院取各院之中，以定门定主定灶，吉凶方验。人之看不准者，皆此处之错耳。仅绘二图，以备考证。

兑主艮门西四宅五层动宅延年得位大吉之图

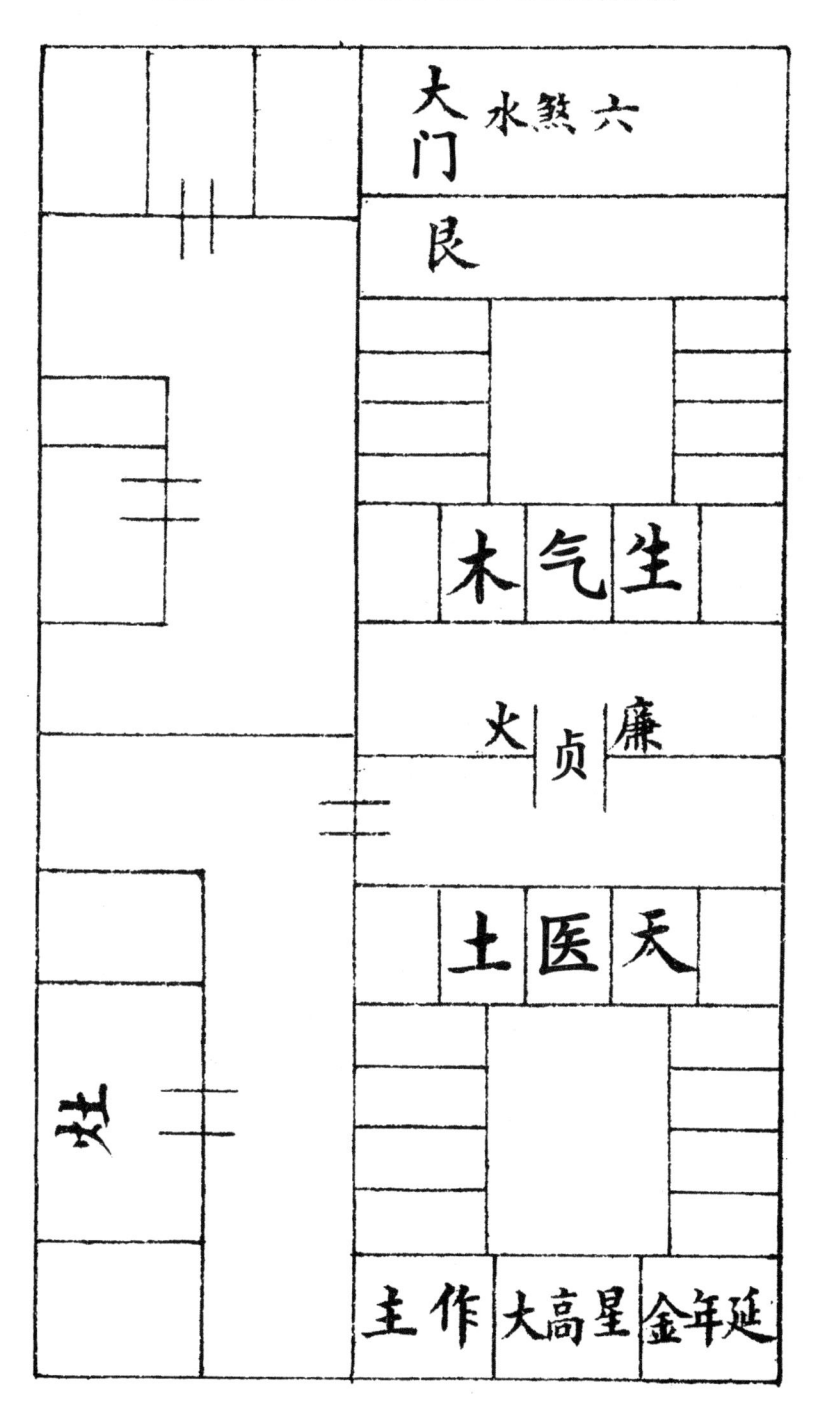

六煞水 大门
艮

生气木

廉贞火

天医土

灶

延年金 星高大 作主

此宅是兑主艮门乾灶，少男少女正配。五层延年星高大，坐于兑宫，为金星发殿，宫星比和，又得艮土生之，发福最速，少年及第。甘罗十二为宰相即此宅，富贵极品，寿高百旬，人丁大旺，满门仁义，小房更盛，因少男少女得位也。兼发女秀，聪俊贤德，予历验甚多。西四宅动宅中最吉者，莫过于此。主巳酉丑年应瑞。

断曰：

第一合成延年卦，喇呢入宅喜非常。不出三年家富贵，骡马成群进宝庄。

少男少女正鸳鸯，瑞气盈门世代昌。堂上椿萱开寿面，阶前兰桂列成行。

翰墨登科文词富，风雷及第武库强。仁义贤良多吉庆，漫夸五谷满仓箱。

配乾灶，断曰：

第二合成天乙卦，黄蛇入宅最吉祥。儿孙迁官并加禄，家财兴旺安保康。

巨门美貌端正，六畜繁衍成行。资财万倍有余粮，定出文臣武将。更有真人好道，妻子敬佛烧香。男儿金榜姓名扬，富贵荣华大旺。

前图系兑主艮门，第五层高大，延年得位之宅，诚恐有陷于地势，而不能修至五层者，或有因贫而不能修至四层者。兹又将西四宅中，乃系兑主艮门乾灶，第四层高大，救贫发丁第一上上吉宅，绘图立法于左。

兑主艮门西四宅四层高大宫星相生上上吉宅图

第一层六煞水	大门
第二层生气木	贫难之家或筑为墙亦可
第三层廉贞火	或筑为墙亦可
第四层高大作主巨门	

酉山卯向

此宅第四层高大为主，从门上起游年，到向上震宫为六煞，文曲木，即由震宫用巧番八卦层次，按五行相生，番入第四层，为天乙巨门土。以门、主而论，兑上是延年金星，即金星登殿之谓。以中宫番星而论，兑属金，番星至第四层，得天乙土，土生金，即为之星生宫。如照此图修理，或改修，四十日、五十日内，必应小吉。至九十日百日之后，更有意外喜事。至四年九年之间，则财丁俱发。若至四十年五十年，以至九十百年之后，金土气足，必出大位，富贵兼全。乏嗣者居之，主得四子，所谓"武曲金星四子强"是也。夫富贵之家，修四层五层者颇易，而贫难之家，艰于修理者，予亦有简易之法。何也？譬如贫难家仅有主房一座，大门一座，向趾与图相符，只于大门以内，添筑土墙二层，修门二座，转移之间，即为四层。照图安乾灶三门，后必主小富，久则大富大贵，人旺寿高，妇女聪秀，持家有法，实属西四宅中救贫发丁第一吉宅也。

阳宅三要卷三

此卷系东四宅三十二门，三十二主，一门一主配八灶，吉凶祸福断法。东四宅门、主、灶，以生气为上上大吉，水木相生，木火通明，虽非夫妇正配，然亦有阴有阳，又得宫星相生之理，故曰"生气为东四宅上上大吉"。以延年门、主、灶为中吉，虽得夫妇正配，未免金木相克，水火相煎，宫星相克，故曰"中吉"。以天乙门、主、灶为次吉，不是绝阴，即是纯阳，故曰"次吉"。

以上俱系东四宅三吉宅，有吉无凶，再配东四宫三元生人居之，儿孙满堂，男聪女秀，发福悠久。第恐年限未久，吉凶尚有不应，请将已住过三四十年、五六十年者试之，无一不准，幸勿疑焉。

增图44　窖

坎门

坎门坎主

一　坎门坎主☵☵，水若重逢妻子难。

此名伏位，主纯阳之宅，初年大发，但纯阳不化，久则克妻伤子，出寡居，多乏嗣。重坎为二男同居，无妻妾故也。

门、主配八灶

○艮灶犯五鬼，水土相克，中男不利，小口死亡，大凶。
○震灶为天乙，初年发福好善，久则克妻伤子，纯阳故也。
○巽灶为生气，福禄寿齐全，名五子发科灶，大吉大利。
○离灶为延年生四子，次吉。
○坤灶为绝命，土水相克，中男不利。
○兑灶为祸害，金水相生，名泄气，少妇夭亡。
○乾灶为六煞，纯阳克妻伤子，犯天门落水，出淫狂。
○坎灶为伏位灶，三阳同居，初年大发富贵，人齐家齐，久则克妻乏嗣，纯阳故也。

坎门艮主

二　坎门艮主☶，水遇山克须乏嗣。

此名五鬼之宅，犯坎艮，小口多不利，投河自缢，官词口舌，是非贼盗，败产亡家，邪魔入宅，疾病多灾，诸事不利。

门、主配八灶

○震灶为天乙，与门相生，与主相克，半吉半凶。

○艮灶与门相克，凶。

○巽灶与门为生气，大吉，与主为绝命，小儿不利。

○离灶与门为延年吉，与主为相生，亦吉，但火热土燥，妇女性刚，小口不利。

○坤灶与门土水相克，中男小口不利，黄肿积块，心腹疼痛，与主比和稍吉。

○兑灶次吉，妇女不利。

○乾灶次吉，纯阳年久克妻，乏嗣。

○坎灶与主为五鬼，门为比和，伤人散财，短寿乏嗣，不吉。

坎门震主

三　坎门震主☳，水雷发福久绝嗣。

此名天乙宅，救贫第一。初年人丁大旺，功名显达，科甲连绵，全家吉庆，好积德，济人利物。但年久孤独，寡居乏嗣，妇女掌家，纯阳无阴故也。

门、主配八灶

○艮灶犯五鬼，与门、主相克，大凶，诸事不利。

○震灶为天乙，与门、主相生比和，初年大吉大利，久则不祥。

○巽灶为生气第一吉灶，福禄寿三星毕集。

○离灶为延年，人丁大旺，富贵双全。

○坤灶为绝命，克阴克阳，不吉。

○兑为祸害，与主相克，金水刑战，男女不利。虽与门相生，生而不生为泄气，不吉。

○乾灶为六煞，与主犯五鬼，大凶之灶，诸事不利；与门犯淫狂，三阳同居，久居之嗣。

○坎灶为伏位灶、天乙灶，与门、主比和相生，初年大发，富贵福禄反全；久则乏嗣寡居，纯阳无阴故也。

坎门巽主

四　坎门巽主䷸，水木荣华发女秀。

此名生气，主五子登科，贪狼得位之宅。男聪女秀，子孝孙贤；田产进益，六畜兴旺；功名显达，人丁大旺；富贵双全，第一吉宅。若是动宅，三层高大，久居家，无白丁。外水生内木，发达最速，悠久。

门、主配八灶

○艮灶与门、主相克，官词口舌是非，小儿难养乏嗣，寡居风疾，脾胃心口腹内疼痛等症。

○震灶与门、主相生比和，大吉。东四宅第一吉灶，东厨司命，此之谓也。三多五福，指日毕集。

○离灶为延年灶，吉。发富发贵，生四五子。

○坤灶木土水相克，大凶之灶。男女寿夭，中男绝嗣。

○兑灶与门相生，与主相克，不利阴人，余吉。

○乾灶与门犯六煞，与主犯祸害，长妇不利，主心腿疼痛产亡之疾。

○坎灶为伏位灶，大吉。二水生一木，最利。

○巽灶为生气灶，与主比和，大吉大利。

坎门离主

五　坎门离主☲，水火既济大吉昌。

名延年，主武曲金星四子强，夫妇正配，富而且贵，田产六畜，人口无不兴旺。但年久克妻，肚腹疼痛眼疾。

门、主配八灶

○艮灶与主相生，与门相克，犯五鬼，小儿不利，妇女刁恶，重娶妻妾。

○震灶门、主、灶俱得相生，门生灶，灶生主，为三吉宅，大吉大利，无不顺遂。生三子，子孝孙贤。

○巽灶为生气、天乙灶，灶中最吉者。男聪女秀，出贤德妇女，成家第一，人旺财旺，科甲连绵。

○离灶与门为夫妇正配，大吉。与主为比和，亦吉。

○坤灶与主相生，生而不生为泄气，与门犯绝命，中男受克，短寿乏嗣，不吉。

○兑灶与主火金相克，少妇夭亡，妇女作乱。

○乾灶与主相克，损老公，生恶疮；损眼目，出寡居；男女短寿，不吉。

○坎灶与门比和，与主正配，吉。

坎门坤主

六　坎门坤主䷗，水土相克中男死。

名绝命，主水受土克，犯坤坎，中男命不存，出寡妇，绝二门。肚腹疼痛，生积块，黄肿疮疾，男女夭亡。

门、主配八灶

○艮灶与门相克，与主比和，小儿不利，中男夭亡。

○震灶木克坤土，老母不利，田产退败，黄肿疮疾。

○巽灶与主五鬼，犯巽入坤宫，母离翁，妇女夭亡，不吉。

○坤灶与门为土水相克，二土克一水，中男短寿，乏嗣散财，不利。

○兑灶与主为天乙，与门为祸害，半吉半凶。

○乾灶与主为延年，与门为六煞，吉凶相半。

○坎灶与门为比和，与主犯相克，不吉。

○离灶与主为六煞，与门为延年，半吉半凶。

坎门兑主

七　坎门兑主☱，泽遇水泄少女亡。

名祸害，主泄气，主散财破家，重娶妻妾，妇女少亡，多咳嗽吐痰劳疾恶疮等症。

门、主配八灶

○艮灶与门犯五鬼，大凶。与主为延年，大吉。凶主小口不利，吉主富贵荣昌，吉凶相半。

○震灶与门为天乙，与主金木相克，男女夭亡。

○巽灶与门相生，与主相克，妇女不利。

○离灶火金相克，妇女不利，多伤贤妇，主恶疮凶死。

○坤灶与门相克，不利。

○兑灶与主为天乙，发财。半吉半凶。

○乾灶半吉半凶，男女寿短。

○坎兑二灶俱不吉。

坎门乾主

八 坎门乾主☲,水泄乾气淫败绝。

名六煞,主犯天门落水,出淫狂,散财乏嗣,克妻伤子。初年亦间有发达者,不过十数年即退败,纯阳故也。

门、主配八灶

○艮灶与主为天乙,与门为五鬼,半吉半凶。
○震灶与门为天乙,与主为五鬼,吉凶兼半。
○巽灶与门为生气,与主为祸害,伤贤妇女,人丁亦旺,散财劳苦。
○离灶与门为延年,与主为绝命,主老翁短寿克妻。
○坤灶与门土水相克,中男不吉;与主土金相生,半吉半凶。
○兑灶与门为泄气,与主为生气,吉凶兼半。
○乾灶与门为六煞,与主为比和,纯阳缺丁,克妻散财。
○坎灶水泄主之金气,不吉。散财乏嗣,克妻伤子。

离门

离门离主

一　离门离主☲，火焰重重无儿女。

名伏位宅，二女同居，纯阴不长，初年发财，人丁不旺；男人寿短，久则寡居，乏嗣过继。

门、主配八灶

○坤灶为六煞灶，生而不生为泄气，火热土燥，纯阴缺丁，男人寿夭，妇女掌家。

○兑灶与门、主俱犯五鬼，一家妇女作乱，短命凶死，官词口舌，不利。

○乾灶与离火相克，乏嗣，男人寿夭，散财恶疮，眼疾头疼，寡妇掌家。

○坎灶生四子，为延年灶，大吉大利，福禄寿齐全。

○艮灶为祸害灶，主妇女性刚，经脉不调，血山崩漏，义子掌家。

○震灶为生气，人丁大旺，福寿双全，大吉大利。

○巽灶为天乙，主妇女好善乏嗣，发财，过继抱养。

○离灶与门、主为比和吉，但三阴同居，犯纯阴不长，阴胜阳衰，男人短寿乏嗣，妇女掌家。

离门坤主

二　离门坤主☷，火到人门寡妇绝。

名六煞，主火炎土燥，生而不生，又犯纯阴不长，人丁不旺，男人寿短，初年亦间有发者，久则寡居，妇人持家，外人膺受产业，无亲生之子。

门、主配八灶

○坤灶与门为六煞，星宫相克，男女夭亡，乏嗣，眼疾心疼，经脉不调。

○兑灶与门为五鬼，散财，妇女短寿凶死，人命官词，口舌是非，盗贼。

○乾灶与门为绝命，火金相克，与主为延年，土金相生，吉凶兼半。

○坎灶与门为延年，与主为绝命，中男中女受克，主男女夭亡。

○艮灶与门为祸害，星与主为生命，克旺丁稀，妻夺夫权，经脉不调。

○震灶与门相生，与主相克，吉凶兼半。

○巽灶阴克阴，主犯五鬼，老母寿短，人丁不旺，妇女掌家，婆媳不和。

○离灶与门比和，与主相生，次吉。初年发财，久则缺丁。

离门兑主

三　离门兑主☲，离兑火光伤少女。

名五鬼宅，离火克兑金，散财克妻，妇女作乱，人命盗案，乏嗣夭寿，咳嗽吐痰，恶疮过继，外人欺压，纯阴不长，多女少男。

门、主配八灶

○乾灶与门金火相克，穷乏，男女夭亡。
○坎灶与门为延年，泄主之气，妇女寿短。
○艮灶与门为祸害，与主为延年，次吉。
○震灶与门相生，与主相克，阴胜阳衰，出聪明妇女，多女少男。
○巽灶木生离火，妇女好善，人丁不旺。
○离灶与门比和，与主相克，凶。
○坤灶与门为六煞，与主为天乙，次吉。妇女好善，纯阴男人夭寿，久则乏嗣。
○兑灶与门相克，凶。散财，妇女寿短，凶死人命。

离门乾主

四　离门乾主☰，离乾老公主不久。

名绝命，主散财乏嗣，妇女专权，阴胜阳衰，多女少男，夭亡眼疾，头疼恶疮，火气上升等症。

门、主配八灶

○坤灶与门相生，与主相生，平安。
○兑灶与门相克，与主比和，散财大败，不吉。
○乾灶离火克乾金，不吉。
○坎灶与门相配，与主相克，不吉。
○艮灶与门相生，为泄气，不吉。
○震灶犯主上五鬼，男人寿短，不吉。
○巽灶乾金克巽木，离火克乾金，男女夭寿，不吉。
○兑灶与门相克，遭凶事，伤人命，大凶，诸事不吉。

离门坎主

五　离门坎主☷，阴阳正配富贵局。

名延年，主夫妇正配，水火既济之宅，福禄寿齐全，子孝孙贤，忠义贤良。生四子，儿孙满堂。但年久犯克妻，心腹疼痛，目多疾病。安震巽灶解之，全吉。

门、主配八灶

○坤灶克坎水，中男短寿乏嗣，男女夭亡，散财。

○兑灶少妇多灾，凶死。妇女作乱，不和。官词口舌是非，不吉。

○乾灶当家短寿，眼目昏花，多灾，头疼，心疼，生疮，咳嗽吐痰，寡居。

○坎灶与门正配，与主比和，大吉。水胜火弱，妇女夭亡。

○艮灶与门相生，与主相克，小口不利，妇女性刚。

○震灶为得位灶，合东厨司命，科甲连绵。

○巽灶水木相生，木火通明，大吉大利。

○离灶与门比和大吉。

离门艮主

六　离门艮主䷛，火山妇刚经不调。

名祸害，主星宫相生，宫星比和，初年间有发富贵者。但妇女性刚，犯妻夺夫权之病，久则人丁不旺，过继，经脉不调。火热土燥，各家不生，书云"离艮阴人搅家声"。

门、主配八灶

○坤灶与门相生，与主比和，次吉。

○兑灶妇女短寿，五鬼作乱，家道不和。

○乾灶老公损亡，乏嗣，散财。

○坎灶与主犯五鬼，小口不利，男女夭亡。

○艮灶与主比和，次吉。

○震灶与门相生，发财发贵不发丁。震木克艮土，小口不利。

○巽灶木火通明，大吉大利。与主相克，少男不利。乏嗣，出寡居，犯风疾黄肿。

○离灶与门比和，与主相生，次吉。

离门震主

七　离门震主☲☳，火雷发福妇女良。

名生气，主木火通明，大富大贵；功名显达，直步天衢；妻贤子孝，男聪女秀；三年大吉，八年更吉。科甲最利，名平地一声雷，秀才出去状元郎。穷书生忽而发达富贵，多是此宅，安巽灶更利。

门、主配八灶

○坤灶为六煞，生而不生，名泄气。灶与主土木相克，妇女短寿，黄肿脾胃等症。

○兑灶为五鬼，男女夭寿，官词偷盗，口舌是非，妇女作乱，凶死人命。

○乾灶与门、主相克，名内外交战，刻下发凶，诸事不利，万病齐集。灶之最凶者，莫过于此。

○坎灶与门相配相生，大吉大利。

○震灶与主比和，与门相生，大吉。

○艮灶妇女不利，小儿难养，妻夺夫权，妇女刁恶，黄病风疾。

○巽灶为上吉灶，出贤良聪俊，妇女多好善，富贵荣昌，四子五子。

○离灶与门、主比和相生，大吉。

离门巽主

八　离门巽主☴，火风丁稀家好善。

名天乙，主男女仁义，富贵双全，妇人持家，初年大发，久则乏嗣，田产虽旺，义子掌家。

门、主配八灶

○震灶二木成林，木火通明，富而且贵，大吉之灶。

○坤灶与主犯五鬼，人口不安，妇女作乱，家道不和。

○兑灶门、主相克，男女夭亡，乏丁，寡居，大凶。

○乾灶男女夭寿，人口不安。

○坎灶上吉，大发富贵，为三吉宅。

○艮灶小口不利，妇女专权，阴胜阳衰。

○巽灶与门相生，与主比和，大吉。初年大发，年久不利，纯阴故也。

○离灶与门比和，与主相生，但纯阴不长，年久乏嗣。

震门

震门震主

一　震门震主☳，妻子相克震木重。

名伏位宅，二男同居，初年发富发贵，阳胜阴衰，妇人短寿，人丁不旺，久则过继寡居。

门、主配八灶

○巽灶为延年，福禄寿三星毕集，大吉大利。
○离灶木火通明，诸事顺利。
○坤灶木土相克，老母不利，黄肿脾胃，不吉。
○兑灶金木相克，人丁不旺，男女短寿，筋骨疼痛，不利。
○乾灶犯五鬼，大凶，诸事不利，人亡家败。
○坎灶为天乙，吉。但纯阳，初年发，久则乏嗣，寡居不利。
○艮灶穷苦败财又败绝，小儿脾病黄肿。
○震灶与门、主比和，三男同居，初年虽利，年久乏嗣，克妻。

震门巽主

二　震门巽主䷈，雷风相配速发福。

名延年宅，二木成林，科甲最利，穷家忽而大发富贵者，多是此宅，名平地一声雷。木盛逢金，故主功名显达，生四子，大吉。

门、主配八灶

○巽灶与门、主比和，大吉大利。
○离灶木火通明，三元及第，最吉。男聪女秀，人齐家齐，无不顺利。
○坤灶老母夭亡，不吉，木土相克故也。
○兑灶克主克门，男女夭寿，不吉。
○乾灶与门、主相克，克妻伤子，大凶。
○坎灶与门、主相生，大吉大利。
○艮灶与门、主木土相克，乏嗣败财，不吉。
○震灶与门、主比和，木盛成林，大吉大利。

震门离主

三　震门离主☲，雷火光明富贵昌。

名生气宅，木火通明，星宫相生比和，贪狼得位；五子登科，夫妇和谐；家道荣昌，田产进益；六畜兴旺，功名显达；男聪女秀，儿孙满堂；妇女贤良，寿高百旬，大吉。

门、主配八灶

○巽灶，与门、主比和相生，夫妇正配，大吉大利。
○离灶与门为天乙，好善发福，出贤妇女，兴家立业，女中丈夫。
○坤灶木土相克，阴人不利。
○兑灶与门、主俱相克，大凶。
○乾灶与门、主犯五鬼绝命，又败又绝，百事不顺，大凶之灶。
○坎灶水生木，木生火，大吉大利。
○艮灶木克土，犯之乏嗣夭寿败绝。
○震灶与门、主比和相生，吉。

震门坤主

四　震门坤主☳☷，龙入人门伤老母。

名祸害宅，土受木克，出黄肿脾胃等症，犯震入坤宫母离翁，初年有丁，久则丁财两不全，有丁无财，有财无丁，十有九穷。

门、主配八灶

○坤灶与震门，木土相克，凶。

○巽灶与坤主犯五鬼，不吉。

○离灶平安。

○兑灶与门相克，男人夭亡，子息不利。

○乾灶与门为五鬼，大凶灶。

○坎灶与门相生吉，与主相克，凶。

○艮灶与门木土相克，凶。

○震灶与门比和，与主相克，不吉。

震门兑主

五　震门兑主☳，龙争虎斗忧伤长。

名绝命宅，阴阳相克，丁财两不旺，金木刑战，腰腿心腹疼痛，出寡居，犯乏嗣，零丁孤苦。若动宅五层房高，大发二三十年，久不吉。

门、主配八灶

○巽灶兑金克木，妇女夭亡。

○离灶火克金，幼妇凶死，不吉。

○坤灶木土相克，老母受伤。

○兑灶金克木，伤男人，克子乏嗣。

○乾灶金木相克，大凶。

○坎灶与门相生，平安，久则男女短寿。

○艮灶木土相克，小儿夭亡。

○震灶与门比和，与主相克，不吉。

震门乾主

六　震门乾主☳☰，龙飞天上老公殃。

名五鬼宅，犯火见天门，损老公，当家短寿，邪魔入宅，鬼怪，病疼凶死，人命官词，盗贼，口舌是非，伤妻克子，退败田产，重娶妻妾，嫖赌淫荡，火灾目疾，恶疮产亡，腰腿心腹疼痛，大凶宅。

门、主配八灶

○巽灶乾金克巽木，妇女夭寿，筋骨疼痛，凶死产亡。
○离灶火金相克，男女短寿，火灾眼疾，头惛、恶疮、咳嗽吐痰、虚劳等症。
○坤灶与门相克，老母离翁，妇女不利，黄肿、脾胃、心疼等症。
○兑灶金克震木，小儿难养，寡居过继，疾痛多灾。
○乾灶三阳缺阴，金木刑战，星宫相克，男女短寿，诸事不利，大凶。
○坎灶纯阳，克妻伤子，淫乱赌博，乏嗣散财。
○艮灶木土相克，乏嗣，黄肿风疾，克妻克子。
○震灶与门比和，与主相克，凶。

震门坎主

七　震门坎主☳☵，雷水乏嗣多行善。

名天医宅，门、主相生，初年大吉，但纯阳不化，久则伤妻克子，人丁不利，男女好善，多仁多义。

门、主配八灶

○巽灶与门比和，与主相生，诸事吉利，富贵荣昌。

○离灶主生门，门生灶，三者相生，为三吉宅，大利。

○坤灶土木相克，土水相克，凶。

○兑灶金木相克，水泄金气，男女夭亡。

○乾灶为五鬼大凶。

○坎灶与门相生，与主比和，纯阳次吉，久则克妻伤子。

○艮灶木土相克，绝嗣；水土相克，男女短寿，小儿不利。

○震灶与门比和，与主相生，纯阳，次吉，久则乏嗣。

震门艮主

八　震门艮主䷲，龙赴山中少儿郎。

名六煞宅，犯震艮相克，小儿死绝败，男女夭亡。土受木克，风疾脾胃黄肿，散财乏嗣，义子掌家，官词偷盗。

门、主配八灶

○巽灶木土相克，人丁不和，凶。
○坤灶木土相克，老母离翁，小儿难食，男女短寿。
○兑灶金木刑战，多女少男，乏嗣夭亡，败绝凶死。
○乾灶与门为五鬼，大凶，诸凡不利。
○坎灶与门相生，吉；与主相克，凶。吉凶兼半。
○艮灶木克土，小儿不利。
○震灶与门比和，与主相克，不吉。
○离灶火热土燥，妇女性暴，乏嗣。

巽门

巽门巽主

一　巽门巽主☴，儿女难艰是重风。

名伏位宅，纯阴，妇女持家，初年发财，阴胜阳衰，男人短寿，主女多男少，久则乏嗣，过继义子。

门、主配八灶

○离灶木火通明，妇女贤良，聪明俊秀，但纯阴主乏嗣。
○坤灶木土相克，犯五鬼，凶。
○兑灶金木相克，妇女不利，人丁不旺。
○乾灶与门为祸害，妇女产亡短寿，多疼痛之病。
○坎灶为生气灶，上上大吉，五福齐全，世享荣华。
○震灶为延年，二木成林，大发富贵。
○艮灶六煞，木土相克，绝嗣散财。
○巽灶与门、主比和，三阴同居，男人寿短，有财无丁。

巽门离主

二 巽门离主☲,富贵乏嗣风火当。

名天乙宅,木火通明,发富发贵,妇女俊秀,一家好善,济人利物。久则纯阴不长,男人短寿,乏嗣,寡居。

门、主配八灶

○离灶宫星相生,初年大利,久则无丁,纯阴故也。
○坤灶为五鬼灶,不吉,诸事不利,婆媳不和,妇女作乱。
○兑灶与门、主俱相克,男人短寿,乏嗣,筋骨疼痛。
○乾灶金克木,火克金,男女短寿,堕胎,产亡自缢。
○坎灶为生气灶,大吉大利,富贵世享,并发女秀。
○艮灶为绝命灶,乏嗣寡居,不吉。黄肿风疾,恶妇抱养。
○震灶与门、主相生比和,大吉。富贵极品,人丁大旺。
○巽灶与门相生比和,纯阴,次吉,丁不旺。

巽门坤主

三 巽门坤主☰☷，地到人门母先亡。

名五鬼宅，木土相克，外克内，发祸速。官词贼盗，口舌是非，漂荡败产，婆媳不和，妇女作乱，邪魔病疾，男女短寿，黄肿脾胃，先生二子，久则乏嗣，寡母掌家，义子争园。

门、主配八灶

○离灶与门、主比和相生，门生灶，平安吉庆，贪生亡克。

○坤灶与门相克与主比和门克灶凶，名五鬼穿宫灶。

○兑灶与门相克，男女短寿，三阴同居，主过继。

○乾灶与门相克，与主相生，半吉半凶。

○坎灶与门为生气，大吉。水受土克，中男不利。

○艮灶与门相克，乏嗣，不吉。

○震灶与门比和，与主相克，妇女不利。

○巽灶与门比和，与主相克，不利。

巽门兑主

四　巽门兑主☱，地中见虎伤长妇。

名六煞宅，阴克阴，妇女不和；金土相克，筋骨疼痛，男女短寿，寡居乏嗣，义子承家。

门、主配八灶

○离灶与门相生，与主相克，凶。
○坤灶与门相克，大凶。名五鬼穿宫灶，诸事不利。
○兑灶金木克，不利。男子短寿乏嗣，筋骨疼痛。
○乾灶金木相克，妇女夭亡，男人短寿乏嗣，不吉。
○坎灶与门为生气，吉。
○艮灶与门木土相克，不利。
○震灶与门比和，与主相克，凶。
○巽灶与门、主为纯阴，阴克阴，不吉。

巽门乾主

五　巽门乾主☰，风夭疼痛杀长妇。

名祸害宅，阳金克阴木，阳胜阴衰，妇女短寿，产亡、月疾、腰腿心腹疼痛等症。初年亦间有发丁、发财、发小功名者，此宅须留心看方准。若乾巽向第四层动宅高大，亦有大发二三十年者。

门、主配八灶

○离灶与门相生，吉；与主相克，凶。

○坤灶与门为五鬼，凶。妇女夭寿，黄肿脾胃症。

○兑灶金木克，不吉。

○乾灶金木相伤，妇女不利。

○坎灶与门为生气，吉，发丁不发财。

○艮灶木土相克，不吉。犯寡居风疾乏嗣。

○震灶犯主上五鬼，大凶，诸事不利。

○巽灶与门比和，与主相克，不吉，阴人短寿，心腿疼痛。

巽门坎主

六　巽门坎主☴，五子登科是风水。

名生气宅，贪狼得位，五子登科，男女俊秀，子孝孙贤，儿孙满堂，富贵极品，夫妇齐眉，科甲连绵，世代荣华，第一吉宅，人丁大旺，妇女贤良，家无白丁。

门、主配八灶

○离灶为天乙灶，宫星俱得相生，福禄寿三星毕集，大吉大利。

○坤灶为五鬼门，主相克，中男大凶，家败人亡，诸事不利。

○兑灶与门金木相克，妇女短寿，不吉。

○乾灶金克巽木，灶克门，伤妻克子，筋骨疼痛，产亡。亦间有发科甲，发大富，人丁大旺者。

○坎灶为生气，大吉大利，福禄寿齐全，妇女聪明。

○艮灶木土水俱相克，小儿难养，生五子，先后三人。

○震灶第一大吉，合东厨司命，为得位灶。

○巽灶与门比和，与主相生，大吉，富贵双全，人丁大旺。

巽门艮主

七 巽门艮主䷳,风山寡母多乏嗣。

名绝命宅,犯巽艮伤主,定因风,出三寡,伤小儿,过继义子,外克内,官词贼盗,黄病脾胃病,小口多灾。巽为风,艮为箕星,其性好风,又居甲木临官之地,走巽门,为木盛招风,故生风疾,少男受克,故绝。

门、主配八灶

○离灶与门、主相生,艮主离灶,主妇女性刚,妻夺夫权,子女艰难,经脉不调,血山崩漏。

○坤灶与门犯五鬼,大凶。

○兑灶与门相克,不吉。

○乾灶与门金木相克,与主相生,妇女短寿产亡。

○坎灶与门相生,与主相克,小口不利。

○震灶木土相克,乏嗣短寿,不吉,堕胎产劳。

○巽灶与门比和,与主相克,不吉,乏嗣寡居。

○艮灶与门相克,乏嗣风疾,小口不利。

巽门震主

八　巽门震主☳，风雷功名如火催。

名延年宅，二木成林，功名速发，木盛逢金，造作栋梁之器，主发科甲，此宅名"平地一声雷"，先贫后富，秀才出去状元归，多是此宅。

门、主配八灶

○离灶为天乙，木火相生，大利。功名显达，人丁大旺，夫妇齐眉，兼发女秀。

○坤灶木土相克，犯五鬼，老母短寿乏嗣，家道不和，黄肿劳疾等症。

○兑灶与门、主相克，男女短寿，筋骨疼痛，散财。

○乾灶金木刑战，犯五鬼，大凶。伤男克女，家败人亡。

○坎灶为生气灶，福禄齐全，大吉大利，科甲连绵。

○艮灶与门、主俱相克，小儿生脾胃风疾，难养乏嗣。

○震灶与门、主比和，大利。

○巽灶与门、主比和，千祥云集，家道兴隆。

以上东四宅，四八三十二门，俱从门上起游年，看主房之吉凶，并灶之吉凶。门、主、灶三者相生，断吉；相克，断凶。

坎离震巽为东四宅，若门、主、灶三者俱在东四宅，为三吉宅，发福悠久。

以生气为上吉，天医延年为次吉。

动宅四正门看法

四正子午卯酉向开四正门，俱用四正番金，从主房起游年，到向上看得何星，即依是星挨次生进，番至主房，看得何星，吉凶自定。

增图 45　铺首

坎主离门震灶三层动宅大吉之图

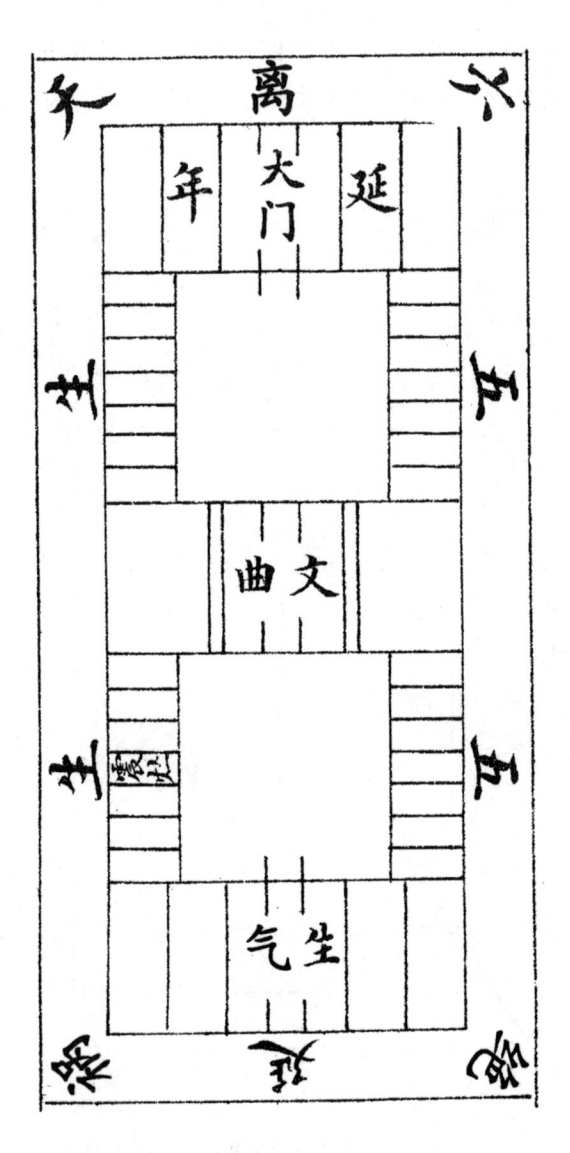

　　此图是离门坎主震灶，三层动宅，用四正番金，看头层延年金，二层文曲水，第三层生气贪狼木星高大作主，主房上一贪狼，一延年，两个大吉星，又配震灶，与主为天医，与门为生气。坎主生震灶，震灶生离门，门、主、灶三者水木相生，木火通明，生气延年，天医三星毕集，五福齐

全，寿咸期颐，男聪女秀，子孝孙贤，田产进益，六畜兴旺，科甲连绵，白衣上殿，赤手成家，富贵极品，人丁大旺。三年八年小发，三十年八十年大发。东四宅动宅正门第一吉宅，救贫最利。寅年住下卯年发，予用此法救贫，鲜不速效。欲求速发者，照此图修造，其应如响，断不欺人。倘若不信，请验富贵家宅，未有不合此法者。若灶房开后门，福禄减半，泄散生气故也。

增图 46 困

坎主巽门震灶四层动宅大吉之图

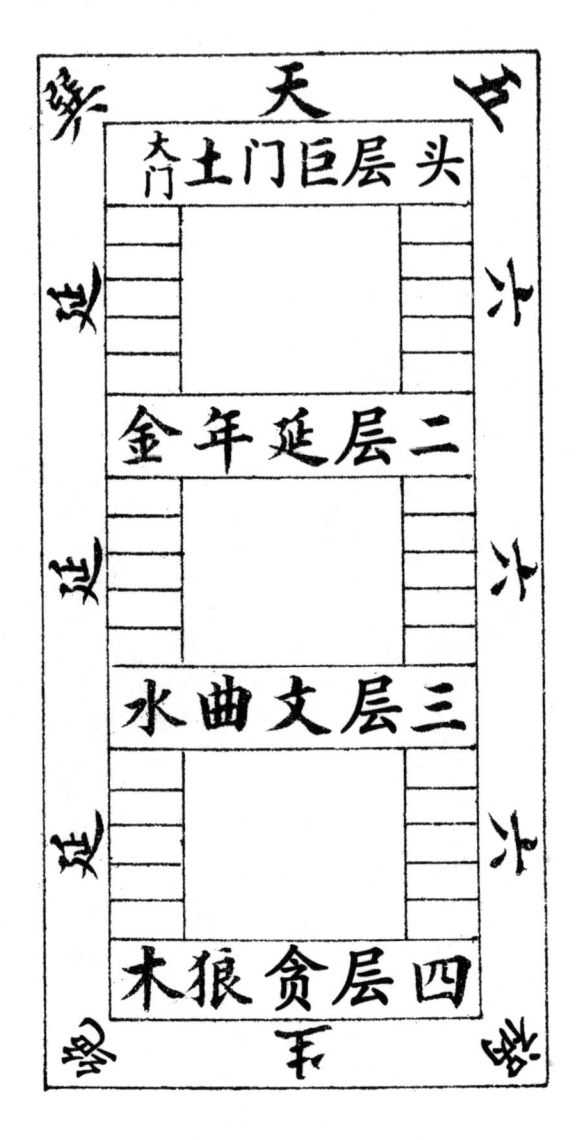

开四隅门，从门上起游年，用巧番八卦往里数。

此图是动宅第四层高大，坎主巽门震灶，坎水生震木，又生本宫贪狼木，木在上，水在下，宫生星，名贪狼得位，五子登科之宅。燕山窦氏，即合此图，功名显达，家无白丁，人财俱盛，男女高寿，济人利物，立功立德，并出女秀，清贞廉节，忠孝贤良，东四宅动宅偏门第一吉宅。此宅属木，亥卯未年应吉。三八属木数，三年八年应吉，三十年八十年大吉。若得东四命人居住，发福更准。

增图 47　京

坎主离门震灶五层动宅第五层高大次吉之图

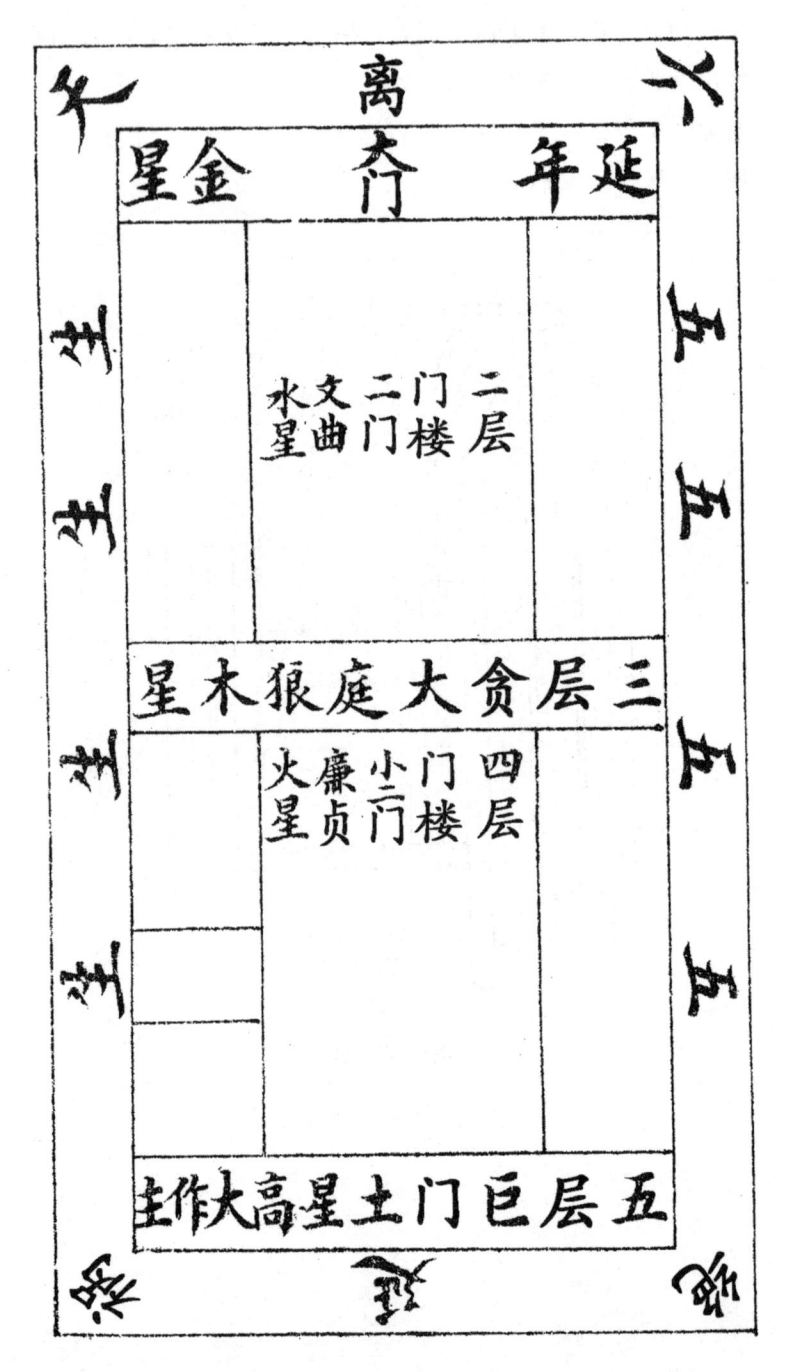

离

星金　奇　年延

二层 二门 文曲 水星 门楼

三层 贪大 庭狼 木星

四层 小门 廉贞 门楼 火星

五层 巨门 土星 高大 作主

此图灶安震巽二方，俱为三吉宅，得阴阳正配，水木相生，木火通明，水火既济之宅，名延年。到坎金水相生，与前二图一样发福。但以番金论，第五层主房，乃巨门土星，落于坎宫，久则未免相克，不无大纯小疵之嫌，故曰"次吉"。即三层贪狼星高大，亦次于前图，何也？盖前有两层，后有两层，中心高耸，名心高财四散，功名虽利，财帛不足。若是衙署，不可同论，须详辨。

　　以上三图，俱系东四宅大吉之宅，悉予所历验过者，救贫甚准。恐世人不知，故画此三图，以备采用。坎离宅必安震巽灶乃可，盖虽为水火既济，年久不免相克，故必须安震巽灶以解之，则水生木，木生火，贪生忘克，而永远无忧矣。此法不拘房之好歹，只要能合此图，百日内即应小吉，最准。穷家忽而大发富贵者，多是此宅，幸勿轻之。

东四宅贪狼得位歌

第一若得生气卦,青龙入宅旺田庄,生财万倍兴人口,家家富贵保安康。

贪狼清高富贵,身荣广置田庄。妻贤子孝有余粮,子孙聪明俊爽。儿孙及第状元郎,辈辈为官拜相。

增图 48 库

东四宅坎离震巽四游年起例

午山子向坎伏位图

```
午  坎  子
   ┌─────┐
巳 │     │ 癸
   │ 坎伏位 │
   │     │
辰 │     │ 丑
   └─────┘
乙  卯  寅
```

子山午向离伏位图

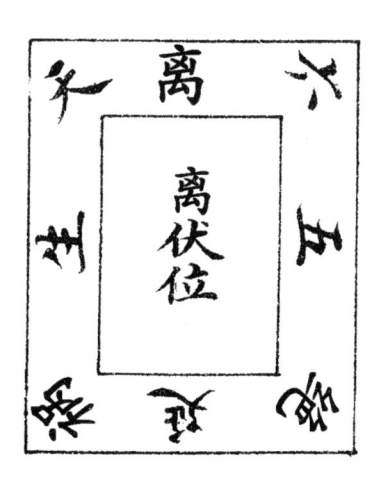

```
子  离  午
   ┌─────┐
癸 │     │ 丁
   │ 离伏位 │
壬 │     │ 未
   │     │
   └─────┘
亥  乾  申
```

增图阳宅三要

酉山卯向震伏位图

乾山巽向巽伏位图

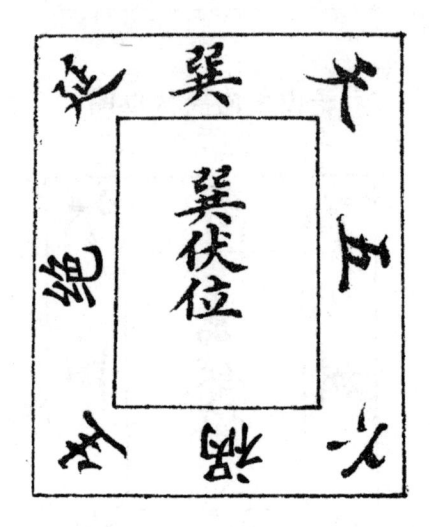

以上四图，是东四宅看门、看主、看灶、看命宫、看灶口之向，五者俱用此四图，顺布八宫之游年，以定吉凶。若五者俱合此四游年图，为全吉之宅，寿如彭祖，福似汾王，富比石崇，贵如裴杜，丁如文王。若有一者不合，不能如是。男女命宫俱合，更准。

增图 49 窦

贪狼天乙延年宅图

乾山巽向巽门坎主震灶静宅之图

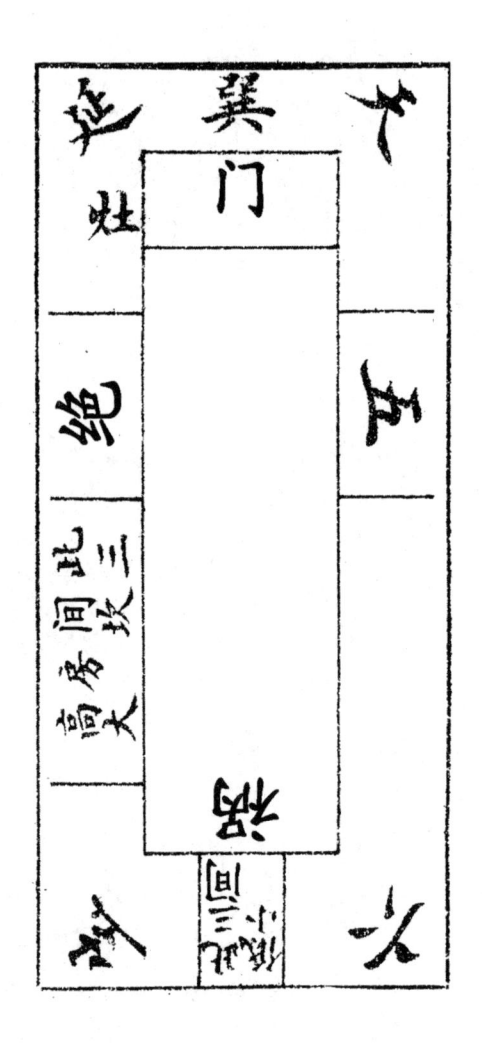

　　此系东四宅静宅正向，巽门坎宫生气，主震宫延年灶，水木相生，宫星相生，名贪狼得位，五子登科，大吉之宅，五福齐全。但地势歪斜，恐人错误，故画此图，以备参考。

离门坎主震灶静宅之图

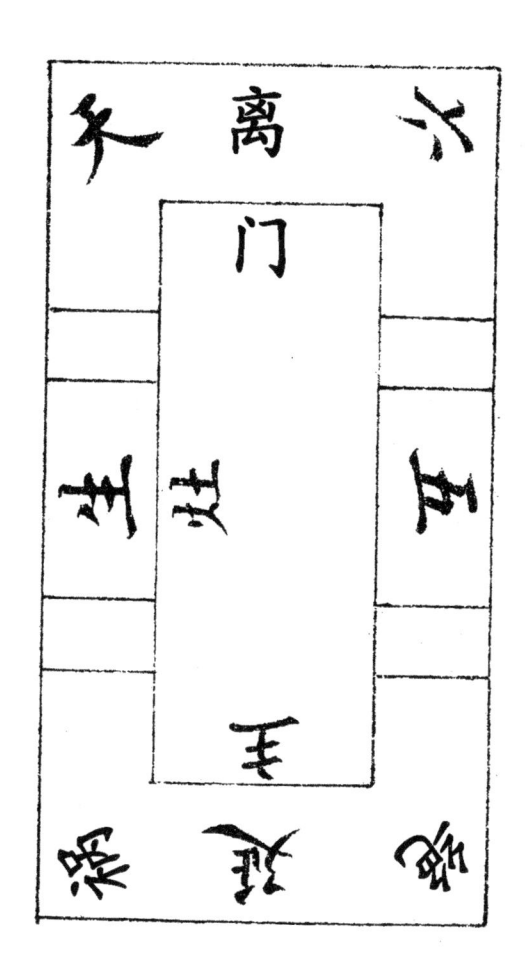

此系东四宅静宅,正门正向,延年主延年门,生气灶,水木相生,木火通明,水火既济,夫妇齐眉,富贵荣昌,子孙满堂,妇女贤德,大吉之宅。

酉山卯向震门离主巽灶图

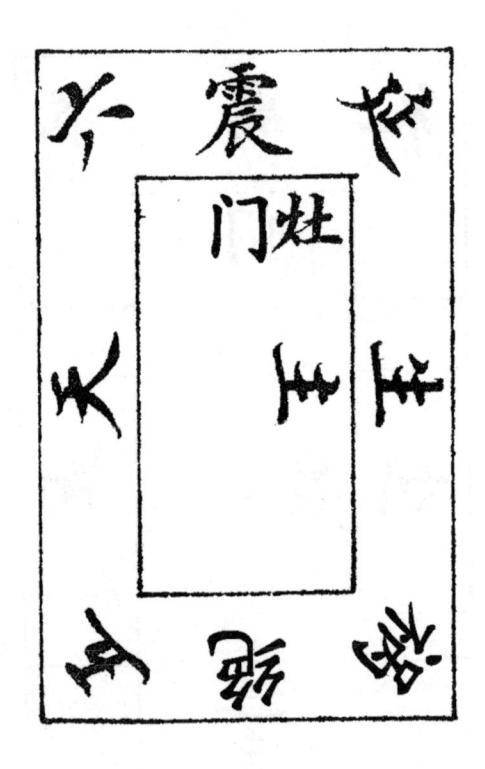

此宅是生气宅，延年灶，二木成林，木火通明，功名显达，田产进益，人丁兴旺，先贫后富，妇女贤良，女中丈夫，善能持家勤俭第一。

午山子向坎门震主离灶图

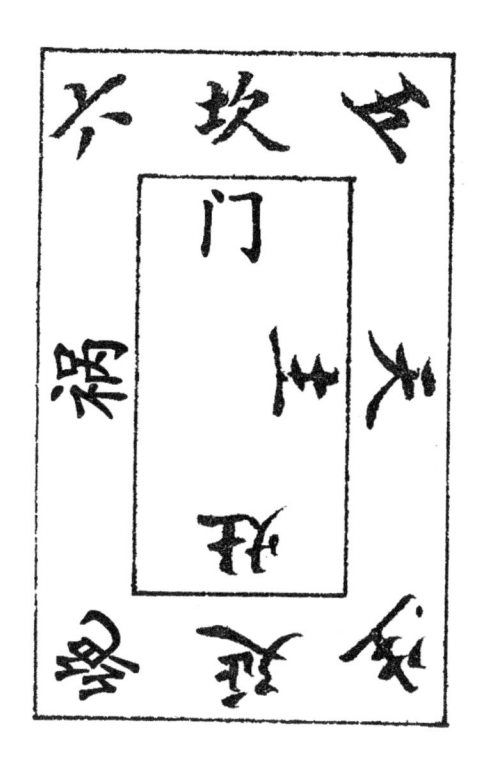

此宅天乙主，延年灶，宫星相克，次吉之宅。初年大发富贵，人齐家齐，年久克妻伤子。

以上四图，门、主、灶俱合生气、天医、延年三吉星，名三吉宅。再得命宫相合更好，即命宫不合，亦皆有吉无凶，不过发有大小迟速耳，断无不发者。此看阳宅之节要，不可拘定东四命人，止宜住东四宅；西四命人，正宜住西四宅。若执泥之，即为不通，但讲理，不可不备。凡是三吉宅，俱照此四图断验，大同小异，百发百中。

增图 50　厩

离山坎向坐正南向正北艮门坤主兑灶图

各具一太极两盘看法，定门、主、灶之吉凶。

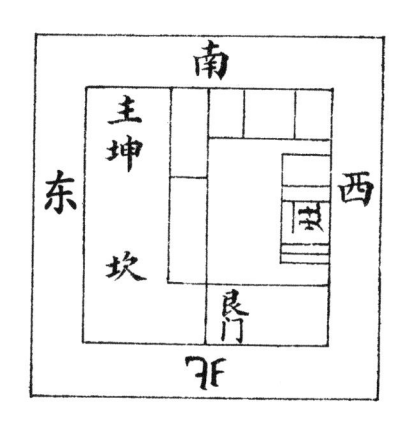

此宅艮门坤主兑灶，用两盘看。西院有西房，无东房，大门偏东，以中宫布八卦为艮宫，即为艮门。进大门往东走，东院有西房，无东房，上房偏西，以中院下罗盘，上房在坤宫，为坤主；灶在西房，为兑灶。若不知各具一太极看法，即门为坎门，主为离主，古云"差之毫厘，谬之千里"，岂诞语哉！此看法向来未有，皆予自历验中得来，百发百中，屡试屡验。照此各具一太极看法，无有不准之阳宅。凡有吉凶不应者，俱是目下罗盘之错，不可谓阳宅不准。予屡曰"各具一太极"者，何也？太极者，浑然一阴阳也；"各具一太极"者，各院有各院之阴阳也。阴阳既分，八卦已定，生克因之，而吉凶寓焉。便不取其中以定之则，八卦无定位，而阴阳错矣。必致指阴为阳，指阳为阴，是犹能知其吉凶乎？然八卦之定位非死也，必于有定中求其无定，① 于无定中而却有一定不可移者，② 是即各具一太极之理，在人之随地权宜耳。

---

① 原注：有定者，如东南西北是也。无定者，如东院视之为西，西院则又视为东之类。
② 原注：如东院视之为西，确乎不可为东；西院视之为东，确乎不可为西之类。

坎山离向伏位宅一盘看法图

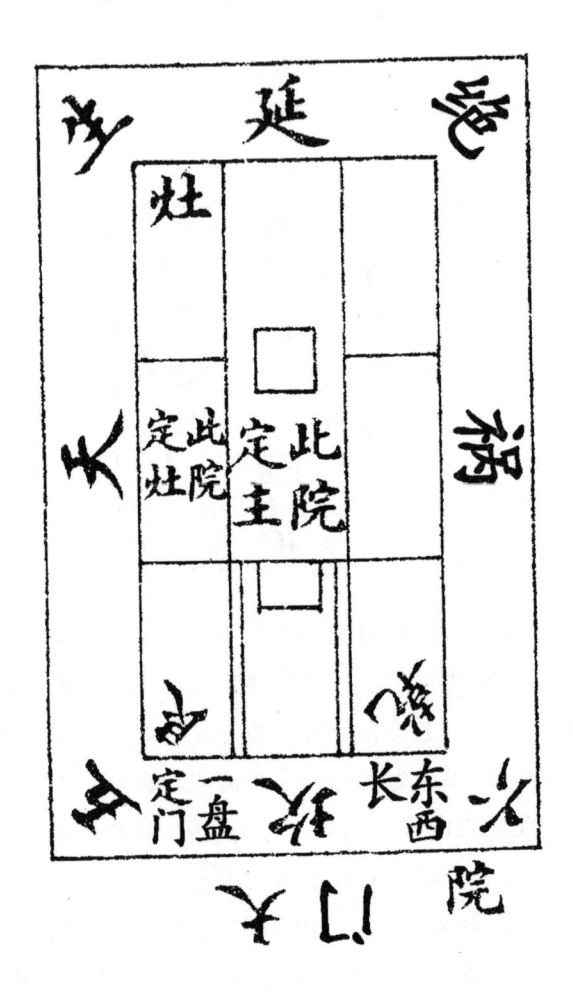

此宅周围有空道。

此宅大门向正北进门，由东边向南走，内里修成坐北向南宅，为伏位主，伏位门，离灶，大门内下盘，取门；大房正院中下盘，取主；厨房东小院下盘取灶，即知是坎门坎主离灶。此是三盘各具一太极看法，余伏位宅同推。

静宅伏位图

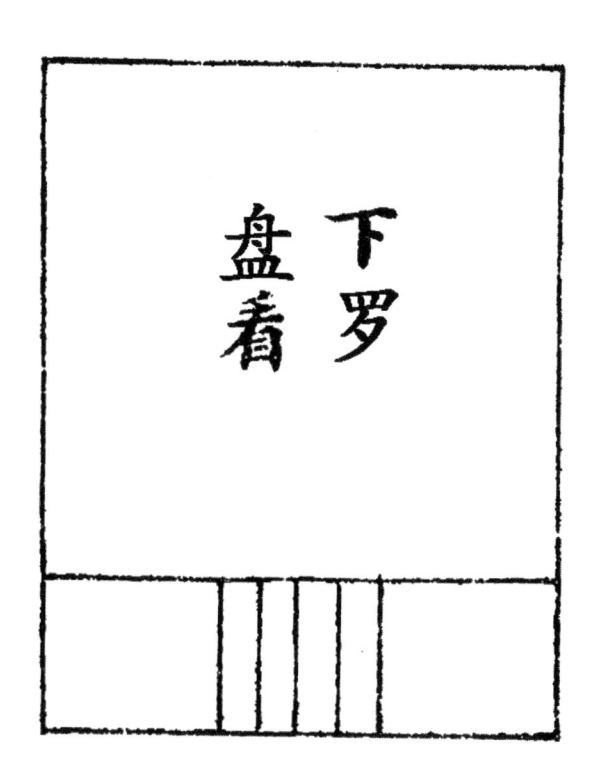

盖此宅系独院一座房，即在大房内安灶，正中间开大门，正院正中开房门，名伏位门、伏位灶。

本山本向，二十四山向一样看，只要后边有院子，若无院子，即不是静宅伏位。

看买卖生意房，多用此法，纯阴纯阳，初年俱主发财。若阴阳配合者，生意长久。此看铺面之要诀也。

东四宅，马房、猪圈、库仓、床帐、茶炉，俱宜安四东宅吉房；厕所，宜安五鬼六煞方。主发横财，诸事吉利。祸害绝命方，次吉。

卯山酉向压煞三层动宅图

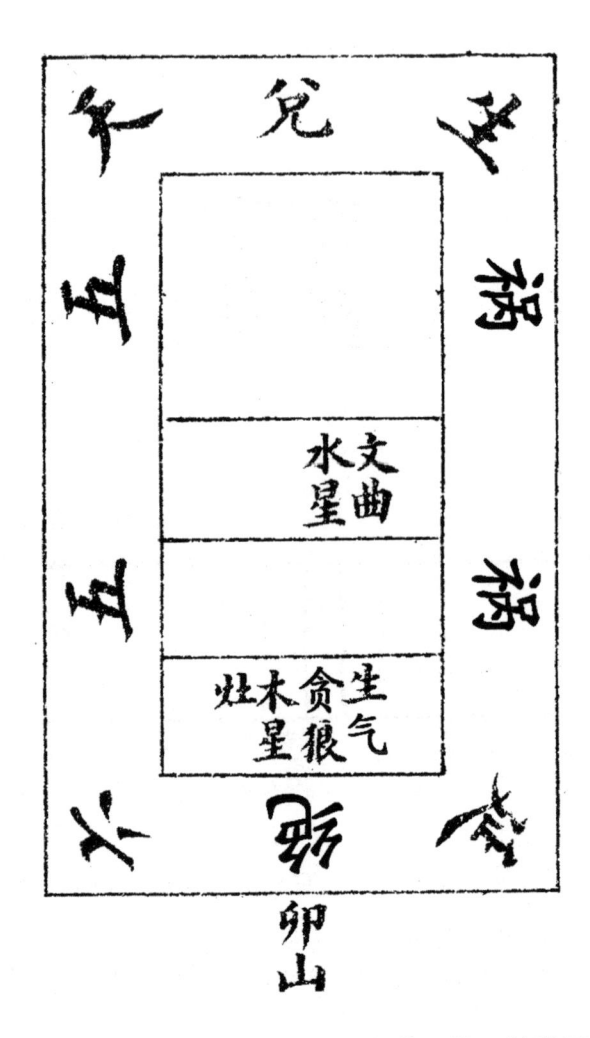

此图是兑门、震主、巽灶，金克木，宜应凶煞，但以四正番金，看从震上起游年，到向上兑宫，是破军金星，头层大门属金，二层属水，三层生气贪狼木星高大，到震二木成林，为木星登殿；又得巽灶之木以辅之，更盛。此名吉星得位，凶煞退藏，故前三十年发富发贵，人丁亦旺；三十年后则木气衰而凶星现矣，男女短寿，退败财产，筋骨疼痛。此应门、主之相克也，若遇此宅，须留心。

子山午向三层动宅相生图

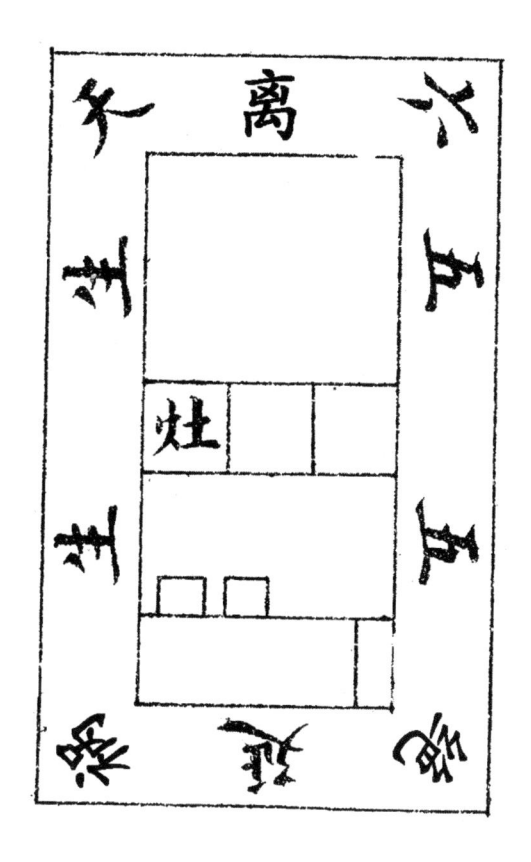

此宅第三层，上房东头三间高大，西头二门低小，为艮主、离门、巽灶。门在东四宅，主在西四宅，东西相混，应主不发。但以四正番金论，第三层乃生气贪狼，木星落于坎宫，水木相生，吉星得位，虽门、主不合，亦不相克，灶又与门相生，前三十年小富小贵，人丁亦有，但发福不久，主出寡居，妻夺夫权，六十年犯绝。旧宅可照此图断验，新修者切不可仿此。

酉山卯向五层动宅压煞之图

此宅是震门、兑主、坤灶，第五层巨门土星高大，星宫相生，初年有发富贵，人丁兴旺者；三十年后，克妻伤子，男女夭亡。前三十年系应巨门，土星得位；后三十年应门、主之相克也。

以上三图，俱系压煞宅，最难看，此皆予所试验过者，仅备图参考，其余类推。

阳宅三要卷四

此卷系东西四宅，八八六十四灶，配八八六十四门，吉凶祸福，断验法门，为气口灶，为食禄灶，与门并重，人每忽之。予验过无数旧宅，门、主相合，发富发贵，但生怪症者，皆灶凶之故。盖万病皆由饮食而得，故灶吉则人口吉，灶凶则人口凶，屡试屡验，百发百中，故灶为三要之一。

周易卦歌

乾宫：乾为天，天风姤，天山遯，天地否，风地观，山地剥，火地晋，火天大有。

坎宫：坎为水，水泽节，水雷屯，水火既济，泽火革，雷火丰，地火明夷，地水师。

艮宫：艮为山，山火贲，山天大畜，山泽损，火泽睽，天泽履，风泽中孚，风山渐。

震宫：震为雷，雷地豫，雷山解，雷风恒，地风升，水风井，泽风大过，泽雷随。

巽宫：巽为风，风天小畜，风火家人，风雷益，天雷无妄，火雷噬嗑，山雷颐，山风蛊。

离宫：离为火，火山旅，火风鼎，水火未济，山水蒙，风水涣，天水讼，天火同人。

坤宫：坤为地，地雷复，地泽临，地天泰，雷天大壮，泽天夬，水天需，水地比。

兑宫：兑为泽，泽水困，泽地萃，泽山咸，水山蹇，地山谦，雷山小过，雷泽归妹。

乾宫

☰☰ 天天纯乾

乾灶配乾门，二金比和，财产兴发，家富殷实，但二公同室，纯阳无阴，伤妻克子，妻妾重娶，长房子孙不利。

断曰：纯阳先吉后凶，却主丧妻伤女。有阳无阴好孤凄，兄弟同居缺嗣。

☰☴ 天风姤

乾灶配巽门，金木刑战，长妇产亡，家多疯症，投井自缢，两胁滞气攻心，两腿疼软酸麻，咳嗽瘫患，损人伤畜，妇女短寿。

断曰：姤卦阴人苦死，老公宠妾淫生。妇女邪淫又生疯，瓦解冰消准定。

☰☶ 天山遯

乾灶配艮门，土金相生，田产茂盛，功名显达，父慈子孝，小房兴旺，男女好善，但阳胜阴衰，妇女夭寿，久则乏嗣。

断曰：遯卦子孙孝顺，财产六畜增添。年年富贵进田园，终久孤独难免。

䷋ 天地否

乾灶配坤门，土金相生，阴阳正配，家庭间尊卑上下，仁义和顺，产业丰隆，人口兴旺，六畜茂盛，四五年即发，逢巳酉丑年会合金局，必主应瑞。

断曰：武曲金星号延年，乾坤正位开笑言。双双父母喜吉庆，个个儿女号英贤。四子豪强夺丹桂，十年灯火发文轩。瑞气迎门人称快，富贵荣华四海传。

䷓ 风地观

巽灶配坤门，火盗木气，木来克土，主伤老母，长妇产难，主痨疫脾疾，腹胀黄肿，风狂噎隔，失血等症。伤子破财，邪魔入宅，官词口舌，大凶之灶。

断曰：观卦风邪噎病，长招鬼魅心疼。尊卑不睦病来攻，乏嗣阳衰阴胜。

䷖ 山地剥

艮灶配坤门，阳土阴上，积累成山，少男投老母之怀，子母有欢悦之象。家业兴隆，子女成行，礼佛好善。年久脾虚不食，腹疼黄病，次吉之灶。

断曰：剥卦积土成山，方云子投母怀。金银钱财广进来，偏心少子多爱。

䷢ 火地晋

离灶配坤门，火炎土燥，母女同居，纯阴无阳，男子短寿，小儿难养，心疼经滞，积块攻心，瘆疫吐血。又主妇女夭亡，年久乏嗣。

断曰：晋卦阴人积财，伤阳死妻重娶。宅内阴秽儿孙希，终久外姓承继。

䷍ 火天大有

离灶配乾门，火克金，先伤老公，次损中女。主虚痨喘嗽，黄瘦尪羸，吐血瘫患，自缢投井，火盗官非，邪魔作怪，眼疾恶疮，惧内败财乏嗣。

断曰：大有中女血产，噎食家败人亡。火盗相侵见灾殃，长幼疾病爻象。

坎宫

䷜ 水水纯坎

坎灶配坎门，二水比和，钱财富厚，产业兴隆，初年顺利，但纯阳无阴，妇女寿短，久则丁希，生水蛊肿胀，脱胎带白，疝气遗精，崩漏等症。

断曰：纯坎九年利，骄傲属中男。落水多淫荡，伤妻子息难。

䷻ 水泽节

坎灶配兑门，土克水，水泄金气，主伤中男中女，少男少女，子孙败绝，生脱胎崩漏蛊肿遗精吐血之症。

断曰：节卦毒魔生，财散害人丁。官词并贼盗，桑间濮上行。

䷂ 水雷屯

坎灶配震门，水木相生，富贵极品，初年主生三子，家庭和顺，福禄荣昌，但纯阳不利于阴，年久妇女短寿，人丁不旺。

断曰：屯卦财兴定富翁，子孙俊秀夺魁名。状元恩遇承君宠，福自天申三子生。

䷾ 水火既济

坎灶配离门，阴阳正配，富贵双全，人丁大旺。年久中女寿短，又主心疼眼疾。

断曰：既济有成没败，只愁瞽目生灾。天生改配旺家财，男女福寿无害。

䷰ 泽火革

兑灶配离门，火兑金，先伤幼妇次伤男，贼盗官非子女艰；头痛眼红心不寐，劳嗽吐红产亦难；败产绝嗣遭人命，妇女作乱家不安。

断曰：革卦官灾横事，血光噎食伤身。妇女猖狂灭儿孙，可怜一门绝尽。

䷶ 雷火丰

震灶配离门，青龙入宅，木火通明，东厨司命是也。妇能作家，田产进益，人才清秀，连科及第，富贵宅也。

断曰：震灶喜遇贪狼星，正是钱龙对我门。雷电交轰桃浪起，通明木火掇科名。金银财宝云来聚，封诰恩同雨露深。纵使无心求富贵，怎禁富贵逼寻人。

䷎ 地火明夷

坎灶配离门，火炎土燥，纯阴阳男，缺子损丁，中女血病，眼疾心疼，产劳经滞，老母风狂，水蛊、黄肿之灾，男女逃走，不吉。

断曰：明夷家长不利，义子阳人命乖。阴人宅内乱家财，地火凶星速败。

䷆ 地水师

坤灶配坎门，土克水，中男黄肿身死，老母风狂病亡，堕胎蛊胀，经滞肾虚，聋哑瘦瘤，男女凋零，小口难存，官词口舌，伤人损畜，三五年层层应，凶。

断曰：师卦伤男女，养子多投军。心疼瘫患病缠身，年年人伤畜损。

艮宫

☶☶ 山山纯艮

艮灶配艮门，二土重垒，初年顺利，但纯阳多疾，小口难存，妇女寿短，年久主食疾、膨闷、黄肿、腹疼之病。

断曰：纯艮钱财进益，外姓义子同居。阳胜阴衰亦不宜，阴人疾病不利。

☶☲ 山火贲

艮灶配离门，火烈土燥，妇性刚暴，男人怯惧。先损少男，次伤中女，阴人弄权，子孙逃淫，小儿生痞，目盲耳聋，喑哑疯癫，残疾劳病，邪魔拐骗，横祸不祥。虽稍有家财，怎当夫妇乖戾。

断曰：贲卦人离财散，女人他乡臭扬。八年之内死逃亡，尊卑上下不当。

☶☰ 山天大畜

艮灶配乾门，土金相生，子来趋父，父慈子孝，门庭光显，兴旺发达，礼佛好善，但纯阳多疾，长房不利，年久伤妻克子。

断曰：大畜阳盛阴衰，父子和顺相生。此宅福德子孙兴，阴人小口疾病。

䷨ 山泽损

艮灶配兑门，土金相生，阴阳正配，家财大发，功名荣显，妇女贤良，定生四子，子贵孙贤，此少男配少女，全吉灶也。

断曰：少男少女配鸾凤，和气盈门喜气扬。堂上椿萱山岳寿，阶前兰桂列成行。文凭翰墨登科第，武应风雷掌外疆。孝义忠良原有素，漫夸五谷满仓箱。

䷥ 火泽睽

离灶配兑门，烈火铄金，必伤幼妇少女，男人寿短，瘦劳咳嗽，痰火血崩，面黄消渴，漏胎便血，邪鬼缢溺，火盗官灾，田产退败，孺妇专权，伤丁缺嗣。

断曰：睽卦妻妾伤损，人生瘠疫之灾。绝嗣女婿进门来，伤人损畜财破。

䷉ 天泽履

乾灶配兑门，二金比和，钱财进益，米谷丰盈，子孙聪慧，妇女美丽，重妻宠妾，子多庶出。

断曰：天泽豪强富贵，贪生五子荣华。伤妻宠妾定无差，只因翁女配合。

䷼风泽中孚

巽灶配兑门，金木刑战，必伤妇女；阴盛阳衰，男人寿短。长门消散，小儿生痞，筋骨疼痛，风狂产痨，聋瞽残疾，缺丁不利。

断曰：中孚产病血蛊，疯狂淫乱相侵。孤阴无阳应凶临，家财产业荡尽。

䷴风山渐

巽灶配艮门，木来克土，小房不利，长妇堕胎身死，妇女持家，主风狂，面黄饥瘦，腹疼壅塞，瘫患痨疾，气蛊攻心，火盗官词，人财两绝，小儿难成，人口逃散，不利。

断曰：渐卦避子逃走，风狂腹疼蛊灾。小儿难养损家财，颠三倒四败坏。

震宫

☳☳雷雷纯震

震灶配震门，二木并植，长男用事，财帛有，功名利，但发长败少，妇女夭亡，小儿难养，出痴聋愚顽之子，初年大吉，久则纯阳乏嗣。

断曰：二木成林貌美，亦主财帛兴隆。长发少败多蹭蹬，女人常常疾病。

☳☷雷地豫

震灶配坤门，震木克坤土，先伤老母，次及长房。受病多主面黄体瘦，噎食气蛊，风狂之症，劳疫伤产。子母不和，官灾口舌，伤人损畜，退败田产。

断曰：豫卦家财耗散，阴人疾病猖狂。老母家长见阎王，骨肉仇隙参商。

☳☵雷水解

震灶配坎门，水木相生，家庭和顺，财产并茂，初年富贵，但纯阳不化，年久不利，子孙稀少，损妇女。初年大富大贵，东厨司命得位得生，故吉。

断曰：解取后婆作配，钱财六畜亨通。发长发少子孙荣，阴人病伤不幸。

䷟ 雷风恒

震灶配巽门,东厨得位,二木成林,功名利,田产兴,长男长女,正配和顺,子贵孙贤,兄文弟恭,富贵双全,科甲连绵。

断曰:茂兮二木成林,年月日时俱新。官封紫诰受恩荣,位列朝班有准。

䷭ 地风升

坤灶配巽门,木克土,伤老母。宅犯纯阴,男寿短,婆媳不和,孤寡绝嗣,宅内淫乱无主。又生气蛊噎食、黄肿腹胀之病,官灾火光,人命横害,贼由东南而入。又主公门中破财招祸,连伤人四五口不止,逢寅午戌年应凶,或太岁到门亦应。

断曰:升卦阴气太盛,邪魔入宅应凶。一门寡妇闹烘烘,此宅家神不宁。

䷯ 水风井

坎灶配巽门,水木相生,贪狼得位,五子峥嵘,田财丰盛,科甲连登,男聪女秀,子孝孙贤,六畜兴旺,大吉之灶也。

断曰:坎水到巽宫,子孙甚兴隆。田蚕多进益,富贵旺人丁。

☱☴ 泽风大过

兑灶配巽门,金木刑战,咳嗽疯狂,腿疼心疾自缢,火盗血光逃淫。纯阴乏嗣,损男伤妇,巳酉丑年应,凶。

断曰:大过家中难过,伤人一子难留。六畜损伤没尽休,总然明师难救。

☱☳ 泽雷随

兑灶配震门,金来克木,先伤长子长孙,次及少女长女。人财两绝,冤气郁结,咽喉膨胀,心疼腰疼,自缢投河,跳井凶死,人命横事,倾家败产,孤儿寡母,妇女持家。

断曰:随伤长男长女,官词病人死亡。日后乏嗣好悲伤,宅气大凶不祥。

巽宫

☴☴风风纯巽

巽灶配巽门，二木比和，出干妇持家立业。但纯阴不长，男人寿短，久则缺丁。主疯狂瘫痪，气尘喘嗽，寡居不吉。

断曰：风卦纯阴不利，伤夫克子难当。喘嗽麻木又疯狂，孤寡零丁异样。

☴☰风天小畜

巽灶配乾门，金来克木，主伤长妇女，人才两败，瘫痪杂疾，筋骨疼痛，气壅产亡，官词贼盗，口眼歪斜。

断曰：小畜阴人不利，夭死荡产亡家。重妻重妾甚堪嗟，终须零落鳏寡。

☴☲风火家人

巽灶配离门，巽木生离火，木火通明。妇女聪明善作家，真如女中丈夫，仁慈好善，财帛盈，五谷丰，光显荣耀之象。但二女同室，木上火下，怀尽根芽，无生育之道，定主绝嗣，抱养过继。

断曰：家人田蚕兴旺，持家妇女贤良。此灶缺嗣少儿郎，须防阴人怪样。

风雷益

巽灶配震门，二木成林，最为茂盛，人财两发，富贵双全，六年内应，吉。逢亥卯未年，定生桂子兰孙，千祥云集，全吉之灶。

断曰：风雷二木得成林，夫妇恩情义愈深。添丁发福多兴旺，立业成家更称心。父子联科真罕有，兄弟同心永不分。喜今复见燕山桂，紫荆檐下长成荫。

天雷无妄

乾灶配震门，金来克木，父子不和，定伤长子长孙，及阴人老公嗽死，子女不存，气攻两胁，积块攻心，咽喉阻塞，筋骨疼痛，血光喘咳疮癞之疾。凶死人命，火盗官灾，损人损畜，邪魔入宅，四五年内即应，凶。

断曰：无妄纯阳伤阴，长子受克难存。邪魔横事定来侵，破财伤人必定。

火雷噬嗑

离灶配震门，青龙入宅，木火通明，招财进宝，大富大贵，定出文人秀士，科甲联登，全吉之灶。

断曰：火雷交合天亨通，子弟英雄列相公。自己不知因有富，总因修灶吉星临。金银积蓄盈千贯，夫妇相生水火明。

䷚山雷颐

艮灶配震门，旺木克弱土，小口不利，多生痞疾脾虚胃寒等症，并主克妻伤子堕胎。久则纯阳不长，乏嗣穷苦。

断曰：颐卦家室难保，阋墙又见参商。黄脾噎食人多亡，败产绝嗣非妄。

䷑山风蛊

艮灶配巽门，土受木克，阴胜于阳，伤夫克子，出惊风瘫痪，黄肿脾疾；并主寡妇持事，义子掌家。久则出三寡，绝三门，或三个无嗣，木胜克土故也。

断曰：蛊卦小儿不和，妇女羸瘦刑伤。绝嗣破家人遭殃，飞灾从天横降。

离宫

☰☰ 火火纯离

离灶配离门，以火济火，烈焇燎空，家道炽盛。但纯阴，男子夭亡，妇人持家，主痰决瘫患，痨嗽眼红，心疼头疼，血光阴病，渴疾火痞，口苦心焦等症。又主官嗣火光，女多男少，小口不利。

断曰：纯阴久主绝嗣，女婿内乱非宜。中女肖家病不离，上下尊卑无义。

☰☶ 火山旅

离灶配艮门，火火土燥，小口死亡，妇女性暴，灶男伤己，男人惧内，头昏瘫痪眼疾，大便结燥；又主阴人搅家，经脉不调，痴聋喑哑等症。

断曰：旅卦夫妇不旺，子孙难养成丁。人口损伤财不兴，孤儿寡母准定。

☰☴ 火风鼎

离灶配巽门，木火相生，妇女作家，田产丰厚。但纯阴不长，子孙希少，家多好善，姑嫜嫉妒，生疯劳杂疾头疾，眼目昏红，年久不利。

断曰：鼎卦纯阴初利，久居子息最难。六畜兴旺进庄田，螟蛉义子受产。

䷾ 火水未济

离灶配坎门，中男中女，夫妇正配，财帛丰，功名显，子孙满堂，但年久克妻，心疼眼疾。

断曰：未济阴阳得道，家业财物多增。年久妻宫受克刑，心疼眼目多病。

䷃ 山水蒙

艮灶配坎门，土去克水，鬼怪入宅，主伤中男，小口不利；阴人短寿，子孙忤逆；人命官词，火灾贼盗，邪魔作乱，凶。

断曰：蒙伤小口中男，落水自缢身亡。家不和顺子乖张，神操鬼哭异样。

䷺ 风水涣

巽灶配坎门，青龙入宅，子孙荣贵，赀财发达，妻贤子孝，家道和谐，荣华富贵，儿女满堂，五子登科，寿高期颐，大吉。

断曰：贪狼原宜得位，五子登科可喜。人财两发定无疑，福寿双全不替。

䷅ 天水讼

乾灶配坎门，纯阳不化，老公妇女，寿短泄气，家财消散，中男不利，水蛊吐泻，女人气血崩漏，淫狂失经等症；又损伤六畜，小口难养，凶。

断曰：讼卦伤阴多病，男女梦淫逃遗。父子不和两分离，急急补修吉地。

䷌ 天火同人

乾灶配离门，火来克金，主惧内，老翁嗽死，中女产亡，长房子孙不利，生虚劳、瘫痪、血光、气喘、眼疾、心疼、浓血等症；又主官词火盗，孤寡败绝，小儿损伤，凶。

断曰：同人老公嗽死，崩胎伤儿投军。家染瘟黄凶死丧，人口败绝异样。

坤宫

☷☷ 地地纯坤

坤灶配坤门，二土比和，财帛丰盈，富贵有余，但多女少男，老母持家，一门寡妇乏嗣。

断曰：纯坤家财兴旺，牛羊田蚕成收。家中平稳度春秋，怎奈无儿绝后。

☷☳ 地雷复

坤灶配震门，木克土，主伤老母，阴人小儿生痞，妇女黄病；长子逆母凌弟，赌博贪酗，破家败产，咽喉雍塞，气蛊冲心，肚腹膨胀，不思饮食，人死财散，凶。

断曰：木来克土长男忧，逆母凌弟不自由。老母多因黄病死，小儿生痞在后头。复伤老母阴人，田蚕五谷不收。小儿六畜必有忧，可怜频伤人口。

☷☱ 地泽临

坤灶配兑门，巨门入宅，土金相生，财产进益，男女孝义。但母女同室，纯阴不生，妇人当家，伤夫克子，初年大发，久则不利。

断曰：临卦诸事皆吉，纯阴并无参差。只愁义尽且由他，敢断男夭女寡。

☷☰ 地天泰

坤灶配乾门，土金相生，武曲得位，父母俱庆，福寿康宁，财旺子秀，君子加官进禄，小人添丁进财，大吉之灶。

断曰：坤修乾卦主荣昌，孝义和同夫妇良。灶遇吉星毋改造，满门吉庆福无疆。

☳☰ 雷天大壮

震灶配乾门，金来克木，定伤长子长孙，及老公长妇，气块膨心，咽喉阻塞，哽噎咳嗽，筋骨疼痛，自缢刃伤，人命凶死，火盗官灾，祸患连连凶。

断曰：大壮子孙忤逆，小儿六畜不安。长子老公福连绵，牛羊六畜有限。

☱☰ 泽天夬

兑灶配乾门，二金比和，家道和悦，人财两发，富贵双全，必出文人秀士，定生四子成立；但主宠妾当家，偏爱少妇，次吉。

断曰：夬卦财旺发福，老阳少阴同床。人丁茂盛家业昌，却主宠妾欺长。

䷄水天需

坎灶配乾门，水星好淫，金星多滥，老公精竭而死，中子淫逃，妇女寿短，崩漏脱胎，水蛊浮肿，梦遗邪淫，内乱便浊等症，凶。

断曰：需卦难养小口，子孙忤逆愚顽。男鳏妇寡好孤凄，伤阴疾病不利。

䷇水地比

坎灶配坤门，土克水，主伤中男，疯狂聋哑，黄肿水蛊，咽噎喉壅，滞经涩便，虚劳等症，凶。

断曰：此卦逃淫胎漏，缢刃水溺伤人。破财祸患紧临身，仅可一子开门。

兑宫

䷹ 泽泽纯兑

兑灶配兑门，二金比和，家道兴隆；但纯阴不生，子孙希少，发小伤大，少妇专权，搅家不宁，或生疾块冲心，胃疾不食之病。

断曰：兑卦大发贱产，怎奈有阴无阳。此宅无丁振家邦，阴人内乱执掌。

䷮ 泽水困

兑灶配坎门，水泄金气，主伤少女中男，人品衰败；阴人脱胎崩漏，男人水蛊遗精，心疼吐血之症，凶。

断曰：困卦损人丁，散财横事生。疾病不时有，官词贼盗凶。

䷬ 泽地萃

兑灶配坤门，土金相生，母女同室，老母当家，溺爱小儿少女，财产日盛，子孙希少，家多好善，又主宠婿。

断曰：萃卦发财子晚，必然阴人当家。阴盛阳衰不必夸，修补方成全卦。

䷞泽山咸

兑灶配艮门，土金相生，阴阳正配，夫妇和顺，富贵双全，人财两旺，全吉之灶。

断曰：山泽相配正姻缘，夫妇和顺美少年。女慕贞节慈而善，男效才良忠且贤。

䷦水山蹇

坎灶配艮门，水土相克，中男病死，小儿痞伤，兄弟夫妇离异，产危闭经，人命缢死，溺水邪魔，火盗官灾。

断曰：蹇卦隔噎黄肿，痴聋喑哑疯狂。邪魔鬼怪闹穰穰，家败人亡飘荡。

䷎地山谦

坤灶配艮门，二木成垒，母见幼子，欢喜之象。青龙入宅，积聚财宝，母慈子孝。但少盛中衰，久则黄肿，心腹疼痛。

断曰：谦卦丰富多兴旺，六畜钱财定发达。二五之年起家业，还出书声发科甲。人人看此实不差，人又贤良又发家。母见幼子个个亲，母亲病死苦了他。

䷽雷山小过

震灶配艮门，木克土主伤少男，兄弟不和，生疥疾面黄，腹肿气蛊，噎食等症，疯狂痰痨，不思饮食，闭经难产而亡，暗昧丑声逃淫，鬼怪伤人，损畜。

断曰：小过痨疾病发，阴人小口大灾。八年之内败家财，多为贼盗作怪。

䷵雷泽归妹

震灶配兑门，金木刑战，定伤长子长孙，长妇长女，男人绝嗣，气成积块，冲胸冲胁，结塞咽喉，腰疼，手足麻木，人财不利，连伤四人。

断曰：归妹横祸绝嗣，人口六畜不安。自缢伤身病凄惨，死离故乡难免。

以上六十四灶配六十四门断法。若是六十四灶配六十四主，亦用此法断吉凶，万无一错。门、主、灶三者回环，互用此法，断验吉凶，无不应验。

周易书斋精品书目

书 名	作 者	定 价	版别
影印涵芬楼本正统道藏[典藏宣纸版;全512函1120册]	[明]张宇初编	480000.00	九州
影印涵芬楼本正统道藏[再造善本;全512函1120册]	[明]张宇初编	280000.00	九州
重刊术藏[全6箱,精装100册]	谢路军郑同主编	68000.00	九州
续修术藏[全6箱,精装100册]	谢路军郑同主编	68000.00	九州
易藏[全6箱,精装60册]	谢路军郑同主编	48000.00	九州
道藏[全6箱,精装60册]	谢路军郑同主编	48000.00	九州
焦循文集[全精装18册]	[清]焦循撰	9800.00	九州
邵子全书[全精装15册]	[宋]邵雍撰	9600.00	九州
重刻故宫藏百二汉镜斋秘书四种(一):火珠林	宣纸线装1函1册	300.00	华龄
重刻故宫藏百二汉镜斋秘书四种(二):灵棋经	宣纸线装1函1册	300.00	华龄
重刻故宫藏百二汉镜斋秘书四种(三):滴天髓	宣纸线装1函1册	300.00	华龄
重刻故宫藏百二汉镜斋秘书四种(四):测字秘牒	宣纸线装1函1册	300.00	华龄
中外戏法图说:鹅幻汇编鹅幻余编合刊	宣纸线装1函3册	780.00	华龄
连山[宣纸线装一函一册]	[清]马国翰辑	280.00	华龄
归藏[宣纸线装一函一册]	[清]马国翰辑	280.00	华龄
周易虞氏义笺订[宣纸线装一函六册]	[清]李翊灼订	1180.00	华龄
周易参同契通真义	宣纸线装1函2册	480.00	华龄
御制周易[宣纸线装一函三册]	武英殿影宋本	680.00	华龄
宋刻周易本义[宣纸线装一函四册]	[宋]朱熹撰	980.00	华龄
易学启蒙[宣纸线装一函二册]	[宋]朱熹撰	480.00	华龄
易余[宣纸线装一函二册]	[明]方以智撰	480.00	九州
奇门鸣法[宣纸线装一函二册]	[清]龙伏山人撰	680.00	华龄
奇门衍象[宣纸线装一函二册]	[清]龙伏山人撰	480.00	华龄
奇门枢要[宣纸线装一函二册]	[清]龙伏山人撰	480.00	华龄
奇门仙机[宣纸线装一函三册]	王力军校订	298.00	华龄
奇门心法秘纂[宣纸线装一函三册]	王力军校订	298.00	华龄
御定奇门秘诀[宣纸线装一函三册]	[清]湖海居士辑	680.00	华龄
宫藏奇门大全[线装五函二十五册]	[清]湖海居士辑	6800.00	影印
遁甲奇门传要旨大全[线装二函十册]	[清]范阳耐寒子辑	6200.00	影印
增广神相全编[线装一函四册]	[明]袁珙订正	980.00	影印
龙伏山人存世文稿[宣纸线装五函十册]	[清]矫子阳撰	2800.00	九州
奇门遁甲鸣法[宣纸线装一函二册]	[清]矫子阳撰	680.00	九州
奇门遁甲衍象[宣纸线装一函二册]	[清]矫子阳撰	480.00	九州
奇门遁甲枢要[宣纸线装一函二册]	[清]矫子阳撰	480.00	九州
遁甲括囊集[宣纸线装一函三册]	[清]矫子阳撰	980.00	九州
增注蒋公古镜歌[宣纸线装一函一册]	[清]矫子阳撰	180.00	九州
明抄真本梅花易数[宣纸线装一函三册]	[宋]邵雍撰	480.00	九州

书　　名	作　者	定　价	版别
古本皇极经世书[宣纸线装一函三册]	[宋]邵雍撰	980.00	九州
订正六壬金口诀[宣纸线装一函六册]	[清]巫国匡辑	1280.00	华龄
六壬神课金口诀[宣纸线装一函三册]	[明]适适子撰	298.00	华龄
改良三命通会[宣纸线装一函四册,第二版]	[明]万民英撰	980.00	华龄
增补选择通书玉匣记[宣纸线装一函二册]	[晋]许逊撰	480.00	华龄
阳宅三要	宣纸线装1函3册	298.00	华龄
绘图全本鲁班经匠家镜	宣纸线装1函4册	680.00	华龄
青囊海角经	宣纸线装1函4册	680.00	华龄
菊逸山房天函:地理点穴撼龙经	宣纸线装1函3册	680.00	华龄
菊逸山房地函:秘藏疑龙经大全	宣纸线装1函1册	280.00	华龄
菊逸山房人函:杨公秘本山法备收	宣纸线装1函1册	280.00	华龄
珍本1:校正全本地学答问	宣纸线装1函3册	680.00	华龄
珍本2:赖仙原本催官经	宣纸线装1函1册	280.00	华龄
珍本3:赖仙催官篇注	宣纸线装1函1册	280.00	华龄
珍本4:尹注赖仙催官篇	宣纸线装1函1册	280.00	华龄
珍本5:赖仙心印	宣纸线装1函1册	280.00	华龄
珍本6:新刻赖太素天星催官解	宣纸线装1函2册	480.00	华龄
珍本7:天机秘传青囊内传	宣纸线装1函1册	280.00	华龄
珍本8:阳宅斗首连篇秘授	宣纸线装1函1册	280.00	华龄
珍本9:精刻编集阳宅真传秘诀	宣纸线装1函2册	480.00	华龄
珍本10:秘传全本六壬玉连环	宣纸线装1函2册	480.00	华龄
珍本11:秘传仙授奇门	宣纸线装1函2册	480.00	华龄
珍本12:祝由科诸符秘卷祝由科诸符秘旨合刊	宣纸线装1函2册	480.00	华龄
珍本13:校正古本入地眼图说	宣纸线装1函2册	480.00	华龄
珍本14:校正全本钻地眼图说	宣纸线装1函2册	480.00	华龄
珍本15:赖公七十二葬法	宣纸线装1函2册	480.00	华龄
珍本16:新刻杨筠松秘传开门放水阴阳捷径	宣纸线装1函2册	480.00	华龄
珍本17:校正古本地理五诀	宣纸线装1函2册	480.00	华龄
珍本18:重校古本地理雪心赋	宣纸线装1函2册	480.00	华龄
珍本19:宋国师吴景鸾先天后天理气心印补注	宣纸线装1函1册	280.00	华龄
珍本20:新刊宋国师吴景鸾秘传夹竹梅花院纂	宣纸线装1函2册	480.00	华龄
珍本21:影印原本任铁樵注滴天髓阐微	宣纸线装1函4册	1080.00	华龄
珍本22:地理真宝一粒粟	宣纸线装1函1册	280.00	华龄
珍本23:聚珍全本天机一贯	宣纸线装1函2册	480.00	华龄
珍本24:阴宅造福秘诀	宣纸线装1函1册	280.00	华龄
珍本25:增补诹吉宝镜图	宣纸线装1函2册	480.00	华龄
珍本26:诹吉便览宝镜图	宣纸线装1函1册	280.00	华龄
珍本27:诹吉便览八卦图	宣纸线装1函1册	280.00	华龄
珍本28:甲遁真授秘集	宣纸线装1函3册	680.00	华龄
珍本29:太上祝由科	宣纸线装1函2册	480.00	华龄
珍本30:邵康节先生心易梅花数	宣纸线装1函1册	280.00	华龄

书 名	作 者	定 价	版别
子部珍本备要(共360种18万元)		以下分函价	九州
001 峋嵝神书	宣纸线装1函1册	280.00	九州
002 地理唛蔗録	宣纸线装1函4册	880.00	九州
003 地理玄珠精选	宣纸线装1函4册	880.00	九州
004 地理琢玉斧峦头歌括	宣纸线装1函4册	880.00	九州
005 金氏地学粹编	宣纸线装3函8册	1840.00	九州
006 风水一书	宣纸线装1函4册	880.00	九州
007 风水二书	宣纸线装1函4册	880.00	九州
008 增注周易神应六亲百章海底眼	宣纸线装1函1册	280.00	九州
009 卜易指南	宣纸线装1函1册	280.00	九州
010 大六壬占验	宣纸线装1函1册	280.00	九州
011 真本六壬神课金口诀	宣纸线装1函3册	680.00	九州
012 太乙指津	宣纸线装1函2册	480.00	九州
013 太乙金钥匙 太乙金钥匙续集	宣纸线装1函1册	280.00	九州
014 奇门遁甲占验天时	宣纸线装1函2册	480.00	九州
015 南阳掌珍遁甲	宣纸线装1函1册	280.00	九州
016 达摩易筋经 易筋经外经图说 八段锦	宣纸线装1函1册	280.00	九州
017 钦天监彩绘真本推背图	宣纸线装1函2册	680.00	九州
018 清抄全本玉函通秘	宣纸线装1函3册	680.00	九州
019 灵棋经	宣纸线装1函1册	280.00	九州
020 道藏灵符秘法	宣纸线装4函9册	2100.00	九州
021 地理青囊玉尺度金针集	宣纸线装1函6册	1280.00	九州
022 奇门秘传九宫纂要	宣纸线装1函1册	280.00	九州
023 影印清抄耕寸集－真本子平真诠	宣纸线装1函2册	480.00	九州
024 新刊合并官板音义评注渊海子平	宣纸线装1函2册	480.00	九州
025 影抄宋本五行精纪	宣纸线装1函6册	1080.00	九州
026 影印明刻阴阳五要奇书1－郭氏阴阳元经	宣纸线装1函2册	480.00	九州
027 影印明刻阴阳五要奇书2－克择璇玑括要	宣纸线装1函1册	280.00	九州
028 影印明刻阴阳五要奇书3－阳明按索图	宣纸线装1函2册	480.00	九州
029 影印明刻阴阳五要奇书4－佐玄直指	宣纸线装1函2册	480.00	九州
030 影印明刻阴阳五要奇书5－三白宝海钩玄	宣纸线装1函1册	280.00	九州
031 相命图诀许负相法十六篇合刊	宣纸线装1函1册	280.00	九州
032 玉掌神相神相铁关刀合刊	宣纸线装1函1册	280.00	九州
033 古本太乙淘金歌	宣纸线装1函1册	280.00	九州
034 重刊地理葬埋黑通书	宣纸线装1函2册	480.00	九州
035 壬归	宣纸线装1函2册	480.00	九州
036 大六壬苗公鬼撮脚二种合刊	宣纸线装1函1册	280.00	九州
037 大六壬鬼撮脚射覆	宣纸线装1函2册	480.00	九州
038 大六壬金柜经	宣纸线装1函1册	280.00	九州
039 纪氏奇门秘书仕学备余	宣纸线装1函1册	280.00	九州

书 名	作 者	定价	版别
040 八门九星阴阳二遁全本奇门断	宣纸线装 2 函 18 册	3680.00	九州
041 李卫公奇门心法	宣纸线装 1 函 1 册	280.00	九州
042 武侯行兵遁甲金函玉镜海底眼	宣纸线装 1 函 1 册	280.00	九州
043 诸葛武侯奇门千金诀	宣纸线装 1 函 1 册	280.00	九州
044 隔夜神算	宣纸线装 1 函 1 册	280.00	九州
045 地理五种秘笈合刊	宣纸线装 1 函 1 册	280.00	九州
046 地理雪心赋句解	宣纸线装 1 函 2 册	480.00	九州
047 九天玄女青囊经	宣纸线装 1 函 1 册	280.00	九州
048 考定撼龙经	宣纸线装 1 函 1 册	280.00	九州
049 刘江东家藏善本葬书	宣纸线装 1 函 1 册	280.00	九州
050 杨公六段玄机赋杨筠松安门楼玉辇经合刊	宣纸线装 1 函 1 册	280.00	九州
051 风水金鉴	宣纸线装 1 函 1 册	280.00	九州
052 新镌碎玉剖秘地理不求人	宣纸线装 1 函 2 册	480.00	九州
053 阳宅八门金光斗临经	宣纸线装 1 函 1 册	280.00	九州
054 新镌徐氏家藏罗经顶门针	宣纸线装 1 函 2 册	480.00	九州
055 影印乾隆丙午刻本地理五诀	宣纸线装 1 函 4 册	880.00	九州
056 地理诀要雪心赋	宣纸线装 1 函 2 册	480.00	九州
057 蒋氏平阶家藏善本插泥剑	宣纸线装 1 函 1 册	280.00	九州
058 蒋大鸿家传地理归厚录	宣纸线装 1 函 1 册	280.00	九州
059 蒋大鸿家传三元地理秘书	宣纸线装 1 函 1 册	280.00	九州
060 蒋大鸿家传天星选择秘旨	宣纸线装 1 函 1 册	280.00	九州
061 撼龙经批注校补	宣纸线装 1 函 4 册	880.00	九州
062 疑龙经批注校补一全	宣纸线装 1 函 1 册	280.00	九州
063 种筠书屋较订山法诸书	宣纸线装 1 函 2 册	480.00	九州
064 堪舆倒杖诀 拨砂经遗篇 合刊	宣纸线装 1 函 1 册	280.00	九州
065 认龙天宝经	宣纸线装 1 函 1 册	280.00	九州
066 天机望龙经刘氏心法 杨公骑龙穴诗合刊	宣纸线装 1 函 1 册	280.00	九州
067 风水一夜仙秘传三种合刊	宣纸线装 1 函 1 册	280.00	九州
068 新镌地理八窍	宣纸线装 1 函 2 册	480.00	九州
069 地理解醒	宣纸线装 1 函 1 册	280.00	九州
070 峦头指迷	宣纸线装 1 函 3 册	680.00	九州
071 茅山上清灵符	宣纸线装 1 函 2 册	480.00	九州
072 茅山上清镇禳摄制秘法	宣纸线装 1 函 1 册	280.00	九州
073 天医祝由科秘抄	宣纸线装 1 函 2 册	480.00	九州
074 千镇百镇桃花镇	宣纸线装 1 函 2 册	480.00	九州
075 轩辕碑记医学祝由十三科治病奇书合刊	宣纸线装 1 函 1 册	280.00	九州
076 清抄真本祝由科秘诀全书	宣纸线装 1 函 3 册	680.00	九州
077 增补秘传万法归宗	宣纸线装 1 函 2 册	480.00	九州
078 祝由科诸符秘卷祝由科诸符秘旨合刊	宣纸线装 1 函 1 册	280.00	九州
079 辰州符咒大全	宣纸线装 1 函 4 册	880.00	九州

书　　名	作　者	定价	版别
080 万历初刻三命通会	宣纸线装2函12册	2480.00	九州
081 新编三车一览子平渊源注解	宣纸线装1函3册	680.00	九州
082 命理用神精华	宣纸线装1函3册	680.00	九州
083 命学探骊集	宣纸线装1函1册	280.00	九州
084 相诀摘要	宣纸线装1函2册	480.00	九州
085 相法秘传	宣纸线装1函1册	280.00	九州
086 新编相法五总龟	宣纸线装1函1册	280.00	九州
087 相学统宗心易秘传	宣纸线装1函2册	480.00	九州
088 秘本大清相法	宣纸线装1函2册	480.00	九州
089 相法易知	宣纸线装1函1册	280.00	九州
090 星命风水秘传	宣纸线装1函1册	280.00	九州
091 大六壬隔山照	宣纸线装1函2册	480.00	九州
092 大六壬考正	宣纸线装1函1册	280.00	九州
093 大六壬类阐	宣纸线装1函2册	480.00	九州
094 六壬心镜集注	宣纸线装1函1册	280.00	九州
095 遁甲吾学编	宣纸线装1函2册	480.00	九州
096 刘明江家藏善本奇门衍象	宣纸线装1函1册	280.00	九州
097 遁甲天书秘文	宣纸线装1函2册	480.00	九州
098 金枢符应秘文	宣纸线装1函2册	480.00	九州
099 秘传金函奇门隐遁丁甲法书	宣纸线装1函2册	480.00	九州
100 六壬行军指南	宣纸线装2函10册	2080.00	九州
101 家藏阴阳二宅秘诀线法	宣纸线装1函2册	480.00	九州
102 阳宅一书阴宅一书合刊	宣纸线装1函1册	280.00	九州
103 地理法门全书	宣纸线装1函1册	280.00	九州
104 四真全书玉钥匙	宣纸线装1函1册	280.00	九州
105 重刊官板玉髓真经	宣纸线装1函4册	880.00	九州
106 明刊阳宅真诀	宣纸线装1函2册	480.00	九州
107 阳宅指南	宣纸线装1函1册	280.00	九州
108 阳宅秘传三书	宣纸线装1函1册	280.00	九州
109 阳宅都天滚盘珠	宣纸线装1函1册	280.00	九州
110 纪氏地理水法要诀	宣纸线装1函1册	280.00	九州
111 李默斋先生地理辟径集	宣纸线装1函2册	480.00	九州
112 李默斋先生辟径集续篇 地理秘缺	宣纸线装1函2册	480.00	九州
113 地理辨正自解	宣纸线装1函1册	280.00	九州
114 形家五要全编	宣纸线装1函4册	880.00	九州
115 地理辨正抉要	宣纸线装1函1册	280.00	九州
116 地理辨正揭隐	宣纸线装1函1册	280.00	九州
117 地学铁骨秘	宣纸线装1函1册	280.00	九州
118 地理辨正发秘初稿	宣纸线装1函1册	280.00	九州
119 三元宅墓图	宣纸线装1函1册	280.00	九州

书　名	作　者	定　价	版别
120 参赞玄机地理仙婆集	宣纸线装 2 函 8 册	1680.00	九州
121 幕讲禅师玄空秘旨浅注外七种	宣纸线装 1 函 1 册	280.00	九州
122 玄空挨星图诀	宣纸线装 1 函 1 册	280.00	九州
123 影印稿本玄空地理筌蹄	宣纸线装 1 函 1 册	280.00	九州
124 玄空古义四种通释	宣纸线装 1 函 2 册	480.00	九州
125 地理疑义答问	宣纸线装 1 函 1 册	280.00	九州
126 王元极地理辨正冒禁录	宣纸线装 1 函 1 册	280.00	九州
127 王元极校补天元选择辨正	宣纸线装 1 函 3 册	680.00	九州
128 王元极选择辨真全书	宣纸线装 1 函 1 册	280.00	九州
129 王元极增批地理冰海原本地理冰海合刊	宣纸线装 1 函 1 册	280.00	九州
130 王元极三元阳宅萃篇	宣纸线装 1 函 2 册	480.00	九州
131 尹一勺先生地理精语	宣纸线装 1 函 1 册	280.00	九州
132 古本地理元真	宣纸线装 1 函 2 册	480.00	九州
133 杨公秘本搜地灵	宣纸线装 1 函 1 册	280.00	九州
134 秘藏千里眼	宣纸线装 1 函 1 册	280.00	九州
135 道光刊本地理或问	宣纸线装 1 函 1 册	280.00	九州
136 影印稿本地埋秘诀	宣纸线装 1 函 2 册	480.00	九州
137 地理秘诀隔山照 地理括要 合刊	宣纸线装 1 函 1 册	280.00	九州
138 地理前后五十段	宣纸线装 1 函 2 册	480.00	九州
139 心耕书屋藏本地经图说	宣纸线装 1 函 1 册	280.00	九州
140 地理古本道法双谭	宣纸线装 1 函 1 册	280.00	九州
141 奇门遁甲元灵经	宣纸线装 1 函 1 册	280.00	九州
142 黄帝遁甲归藏大意 白猿真经 合刊	宣纸线装 1 函 1 册	280.00	九州
143 遁甲符应经	宣纸线装 1 函 2 册	480.00	九州
144 遁甲通明钤	宣纸线装 1 函 1 册	280.00	九州
145 景祐奇门秘纂	宣纸线装 1 函 2 册	480.00	九州
146 奇门先天要论	宣纸线装 1 函 2 册	480.00	九州
147 御定奇门古本	宣纸线装 1 函 2 册	480.00	九州
148 奇门吉凶格解	宣纸线装 1 函 1 册	280.00	九州
149 御定奇门宝鉴	宣纸线装 1 函 3 册	680.00	九州
150 奇门阐易	宣纸线装 1 函 2 册	480.00	九州
151 六壬总论	宣纸线装 1 函 1 册	280.00	九州
152 稿抄本大六壬翠羽歌	宣纸线装 1 函 1 册	280.00	九州
153 都天六壬神课	宣纸线装 1 函 1 册	280.00	九州
154 大六壬易简	宣纸线装 1 函 2 册	480.00	九州
155 太上六壬明鉴符阴经	宣纸线装 1 函 1 册	280.00	九州
156 增补关煞袖里金百中经	宣纸线装 1 函 1 册	280.00	九州
157 演禽三世相法	宣纸线装 1 函 2 册	480.00	九州
158 合婚便览 和合婚姻咒 合刊	宣纸线装 1 函 1 册	280.00	九州
159 神数十种	宣纸线装 1 函 1 册	280.00	九州

书　名	作　者	定　价	版别
160 神机灵数一掌经金钱课合刊	宣纸线装 1 函 1 册	280.00	九州
161 阴阳二宅易知录	宣纸线装 1 函 2 册	480.00	九州
162 阴宅镜	宣纸线装 1 函 2 册	480.00	九州
163 阳宅镜	宣纸线装 1 函 1 册	280.00	九州
164 清精抄本六圃地学	宣纸线装 1 函 1 册	280.00	九州
165 形峦神断书	宣纸线装 1 函 1 册	280.00	九州
166 堪舆三昧	宣纸线装 1 函 1 册	280.00	九州
167 遁甲奇门捷要	宣纸线装 1 函 1 册	280.00	九州
168 奇门遁甲备览	宣纸线装 1 函 1 册	280.00	九州
169 原传真本石室藏本圆光真传秘诀合刊	宣纸线装 1 函 1 册	280.00	九州
170 明抄全本壬归	宣纸线装 1 函 4 册	880.00	九州
171 董德彰水法秘诀水法断诀合刊	宣纸线装 1 函 1 册	280.00	九州
172 董德彰先生水法图说	宣纸线装 1 函 1 册	280.00	九州
173 董德彰先生泄天机纂要	宣纸线装 1 函 2 册	480.00	九州
174 李默斋先生地理秘传	宣纸线装 1 函 2 册	480.00	九州
175 新锓希夷陈先生紫微斗数全书	宣纸线装 1 函 3 册	680.00	九州
176 海源阁藏明刊麻衣相法全编	宣纸线装 1 函 2 册	480.00	九州
177 袁忠彻先生相法秘传	宣纸线装 1 函 3 册	680.00	九州
178 火珠林要旨 筮枔	宣纸线装 1 函 2 册	480.00	九州
179 火珠林占法秘传 续筮枔	宣纸线装 1 函 1 册	280.00	九州
180 六壬类聚	宣纸线装 1 函 4 册	880.00	九州
181 新刻麻衣相神异赋	宣纸线装 1 函 1 册	280.00	九州
182 诸葛武侯奇门遁甲全书	宣纸线装 1 函 2 册	480.00	九州
183 张九仪传地理偶摘	宣纸线装 1 函 1 册	280.00	九州
184 张九仪传地理偶注	宣纸线装 1 函 1 册	280.00	九州
185 阳宅玄珠	宣纸线装 1 函 1 册	280.00	九州
186 阴宅总论	宣纸线装 1 函 1 册	280.00	九州
187 新刻杨救贫秘传阴阳二宅便用统宗	宣纸线装 1 函 1 册	280.00	九州
188 增补理气图说	宣纸线装 1 函 2 册	480.00	九州
189 增补罗经图说	宣纸线装 1 函 1 册	280.00	九州
190 重镌官板阳宅大全	宣纸线装 1 函 4 册	880.00	九州
191 景祐太乙福应经	宣纸线装 1 函 1 册	280.00	九州
192 景祐遁甲符应经	宣纸线装 1 函 1 册	280.00	九州
193 景祐六壬神定经	宣纸线装 1 函 1 册	280.00	九州
194 御制禽遁符应经	宣纸线装 1 函 2 册	480.00	九州
195 秘传匠家鲁班经符法	宣纸线装 1 函 3 册	680.00	九州
196 哈佛藏本太史黄际飞注天玉经	宣纸线装 1 函 1 册	280.00	九州
197 李三素先生红囊经解	宣纸线装 1 函 1 册	280.00	九州
198 杨曾青囊天玉通义	宣纸线装 1 函 1 册	280.00	九州
199 重编大清钦天监焦秉贞彩绘历代推背图解	宣纸线装 1 函 2 册	680.00	九州

书　名	作　者	定　价	版别
200 道光初刻相理衡真	宣纸线装 1 函 4 册	880.00	九州
201 新刻袁柳庄先生秘传相法	宣纸线装 1 函 3 册	680.00	九州
202 袁忠彻相法古今识鉴	宣纸线装 1 函 2 册	480.00	九州
203 袁天纲五星三命指南	宣纸线装 1 函 2 册	480.00	九州
204 新刻五星玉镜	宣纸线装 1 函 3 册	680.00	九州
205 游艺录:筮遁壬行年斗数相宅	宣纸线装 1 函 1 册	280.00	九州
206 新订王氏罗经透解	宣纸线装 1 函 2 册	480.00	九州
207 堪舆真诠	宣纸线装 1 函 3 册	680.00	九州
208 青囊天机奥旨二种	宣纸线装 1 函 1 册	280.00	九州
209 张九仪传地理偶录	宣纸线装 1 函 1 册	280.00	九州
210 地学形势集	宣纸线装 1 函 8 册	1680.00	九州
211 神相水镜集	宣纸线装 1 函 4 册	880.00	九州
212 稀见相学秘笈四种合刊	宣纸线装 1 函 2 册	480.00	九州
213 神相金较剪	宣纸线装 1 函 1 册	280.00	九州
214 神相证验百条	宣纸线装 1 函 2 册	480.00	九州
215 全本神相全编	宣纸线装 1 函 3 册	680.00	九州
216 神相全编正义	宣纸线装 1 函 3 册	680.00	九州
217 八宅明镜	宣纸线装 1 函 2 册	480.00	九州
218 阳宅卜居秘髓	宣纸线装 1 函 3 册	680.00	九州
219 地理乾坤法窍	宣纸线装 1 函 3 册	680.00	九州
220 秘传廖公画筴拨砂经	宣纸线装 1 函 4 册	880.00	九州
221 地理囊金集注	宣纸线装 1 函 1 册	280.00	九州
222 赤松子罗经要旨	宣纸线装 1 函 1 册	280.00	九州
223 萧仙地理心法堪舆经	宣纸线装 1 函 2 册	480.00	九州
224 新刻地理搜龙奥语	宣纸线装 1 函 2 册	480.00	九州
225 新刻风水珠神真经	宣纸线装 1 函 2 册	480.00	九州
226 寻龙点穴地理索隐	宣纸线装 1 函 1 册	280.00	九州
227 杨公撼龙经考注	宣纸线装 1 函 2 册	480.00	九州
228 李德贞秘授三元秘诀	宣纸线装 1 函 1 册	280.00	九州
229 地理支陇乘气论	宣纸线装 1 函 2 册	480.00	九州
230 道光刻全本相山撮要	宣纸线装 2 函 6 册	1500.00	九州
231 药王真传祝由科全编	宣纸线装 1 函 1 册	280.00	九州
232 梵音斗科符箓秘书	宣纸线装 1 函 2 册	580.00	九州
233 御定奇门灵占	宣纸线装 1 函 4 册	880.00	九州
234 御定奇门宝镜图	宣纸线装 1 函 2 册	480.00	九州
235 汇纂大六壬玉钥匙心诀	宣纸线装 1 函 1 册	280.00	九州
236 补完直解六壬五变中黄经	宣纸线装 1 函 2 册	480.00	九州
237 六壬节要直讲	宣纸线装 1 函 2 册	480.00	九州
238 六壬神课捷要占验	宣纸线装 1 函 1 册	280.00	九州
239 六壬袖传神课捷要	宣纸线装 1 函 1 册	280.00	九州
240 秘藏大六壬大全善本	宣纸线装 2 函 8 册	1800.00	九州

书　　名	作　者	定　价	版别
增补四库青乌辑要[宣纸线装全18函59册]	郑同校	11680.00	九州
第1种:宅经[宣纸线装1册]	[署]黄帝撰	180.00	九州
第2种:葬书[宣纸线装1册]	[晋]郭璞撰	220.00	九州
第3种:青囊序青囊奥语天玉经[宣纸线装1册]	[唐]杨筠松撰	220.00	九州
第4种:黄囊经[宣纸线装1册]	[唐]杨筠松撰	220.00	九州
第5种:黑囊经[宣纸线装2册]	[唐]杨筠松撰	380.00	九州
第6种:锦囊经[宣纸线装1册]	[晋]郭璞撰	200.00	九州
第7种:天机贯旨红囊经[宣纸线装2册]	[清]李三素撰	380.00	九州
第8种:玉函天机素书/至宝经[宣纸线装1册]	[明]董德彰撰	200.00	九州
第9种:天机一贯[宣纸线装2册]	[清]李三素撰辑	380.00	九州
第10种:撼龙经[宣纸线装1册]	[唐]杨筠松撰	200.00	九州
第11种:疑龙经葬法倒杖[宣纸线装1册]	[唐]杨筠松撰	220.00	九州
第12种:疑龙经辨正[宣纸线装1册]	[唐]杨筠松撰	200.00	九州
第13种:寻龙记太华经[宣纸线装1册]	[唐]曾文辿撰	220.00	九州
第14种:宅谱要典[宣纸线装2册]	[清]铣溪野人校	380.00	九州
第15种:阳宅必用[宣纸线装2册]	心灯大师校订	380.00	九州
第16种:阳宅撮要[宣纸线装2册]	[清]吴鼒撰	380.00	九州
第17种:阳宅正宗[宣纸线装1册]	[清]姚承舆撰	200.00	九州
第18种:阳宅指掌[宣纸线装2册]	[清]黄海山人撰	380.00	九州
第19种:相宅新编[宣纸线装1册]	[清]焦循校刊	240.00	九州
第20种:阳宅井明[宣纸线装2册]	[清]邓颖出撰	380.00	九州
第21种:阴宅井明[宣纸线装1册]	[清]邓颖出撰	220.00	九州
第22种:灵城精义[宣纸线装2册]	[南唐]何溥撰	380.00	九州
第23种:龙穴砂水说[宣纸线装1册]	清抄秘本	180.00	九州
第24种:三元水法秘诀[宣纸线装2册]	清抄秘本	380.00	九州
第25种:罗经秘传[宣纸线装2册]	[清]傅禹辑	380.00	九州
第26种:穿山透地真传[宣纸线装2册]	[清]张九仪撰	380.00	九州
第27种:催官篇发微论[宣纸线装2册]	[宋]赖文俊撰	380.00	九州
第28种:入地眼神断要诀[宣纸线装2册]	清抄秘本	380.00	九州
第29种:玄空大卦秘断[宣纸线装1册]	清抄秘本	200.00	九州
第30种:玄空大五行真传口诀[宣纸线装1册]	[明]蒋大鸿等撰	220.00	九州
第31种:杨曾九宫颠倒打劫图说[宣纸线装1册]	[唐]杨筠松撰	200.00	九州
第32种:乌兔经奇验经[宣纸线装1册]	[唐]杨筠松撰	180.00	九州
第33种:挨星考注[宣纸线装1册]	[清]汪董缘订定	260.00	九州
第34种:地理挨星说汇要[宣纸线装1册]	[明]蒋大鸿撰辑	220.00	九州
第35种:地理捷诀[宣纸线装1册]	[清]傅禹辑	200.00	九州
第36种:地理三仙秘旨[宣纸线装1册]	清抄秘本	200.00	九州
第37种:地理三字经[宣纸线装3册]	[清]程思乐撰	580.00	九州
第38种:地理雪心赋注解[宣纸线装2册]	[唐]卜则嵬撰	380.00	九州
第39种:蒋公天元余义[宣纸线装1册]	[明]蒋大鸿等撰	220.00	九州
第40种:地理真传秘旨[宣纸线装3册]	[唐]杨筠松撰	580.00	九州

书　名	作　者	定　价	版别
增补四库未收方术汇刊第一辑（全28函）	线装影印本	11800.00	九州
第一辑01函:火珠林·卜筮正宗	[宋]麻衣道者著	340.00	九州
第一辑02函:全本增删卜易·增删卜易真诠	[清]野鹤老人撰	720.00	九州
第一辑03函:渊海子平音义评注·子平真诠·命理易知	[明]杨淙增校	360.00	九州
第一辑04函:滴天髓:附滴天秘诀·穷通宝鉴:附月谈赋	[宋]京图撰	360.00	九州
第一辑05函:参星秘要诹吉便览·玉函斗首三台通书·精校三元总录	[清]俞荣宽撰	460.00	九州
第一辑06函:陈子性藏书	[清]陈应选撰	580.00	九州
第一辑07函:崇正辟谬永吉通书·选择求真	[清]李奉来辑	500.00	九州
第一辑08函:增补选择通书玉匣记·永宁通书	[晋]许逊撰	400.00	九州
第一辑09函:新增阳宅爱众篇	[清]张觉正撰	480.00	九州
第一辑10函:地理四弹子·地理铅弹子砂水要诀	[清]张九仪注	340.00	九州
第一辑11函:地理五诀	[清]赵九峰著	200.00	九州
第一辑12函:地理直指原真	[清]释如玉撰	280.00	九州
第一辑13函:宫藏真本入地眼全书	[宋]释静道著	680.00	九州
第一辑14函:罗经顶门针·罗经解定·罗经透解	[明]徐之镆撰	360.00	九州
第一辑15函:校正详图青囊经·平砂玉尺经·地理辨正疏	[清]王宗臣著	300.00	九州
第一辑16函:一贯堪舆	[明]唐世友辑	240.00	九州
第一辑17函:阳宅大全·阳宅十书	[明]一壑居士集	600.00	九州
第一辑18函:阳宅大成五种	[清]魏青江撰	600.00	九州
第一辑19函:奇门五总龟·奇门遁甲统宗大全·奇门遁甲元灵经	[明]池纪撰	500.00	九州
第一辑20函:奇门遁甲秘笈全书	[明]刘伯温辑	280.00	九州
第一辑21函:奇门庐中阐秘	[汉]诸葛武侯撰	600.00	九州
第一辑22函:奇门遁甲元机·太乙秘书·六壬大占	[宋]岳珂纂辑	360.00	九州
第一辑23函:性命圭旨	[明]尹真人撰	480.00	九州
第一辑24函:紫微斗数全书	[宋]陈抟撰	200.00	九州
第一辑25函:千镇百镇桃花镇	[清]云石道人校	220.00	九州
第一辑26函:清抄真本祝由科秘诀全书·轩辕碑记医学祝由十三科	[上古]黄帝传	800.00	九州
第一辑27函:增补秘传万法归宗	[唐]李淳风撰	160.00	九州
第一辑28函:神机灵数一掌经金钱课·牙牌神数七种·珍本演禽三世相法	[清]诚文信校	440.00	九州
增补四库未收方术汇刊第二辑（全36函）	线装影印本	13800.00	九州
第二辑第1函:六爻断易一撮金·卜易秘诀海底眼	[宋]邵雍撰	200.00	九州
第二辑第2函:秘传子平渊源	燕山郑同校辑	280.00	九州
第二辑第3函:命理探原	[清]袁树珊撰	280.00	九州
第二辑第4函:命理正宗	[明]张楠撰集	180.00	九州
第二辑第5函:造化玄钥	庄圆校补	220.00	九州
第二辑第6函:命理寻源·子平管见	[清]徐乐吾撰	280.00	九州
第二辑第7函:京本风鉴相法	[明]回阳子校辑	380.00	九州
第二辑第8-9函:钦定协纪辨方书8册	[清]允禄编	780.00	九州
第二辑第10-11函:鳌头通书10册	[明]熊宗立撰辑	880.00	九州

书 名	作 者	定 价	版别
第二辑第12—13函:象吉通书	[清]魏明远撰辑	1080.00	九州
第二辑第14函:选择宗镜·选择纪要	[朝鲜]南秉吉撰	360.00	九州
第二辑第15函:选择正宗	[清]顾宗秀撰辑	480.00	九州
第二辑第16函:仪度六壬选日要诀	[清]张九仪撰	680.00	九州
第二辑第17函:葬事择日法	郑同校辑	280.00	九州
第二辑第18函:地理不求人	[清]吴明初撰辑	240.00	九州
第二辑第19函:地理大成一:山法全书	[清]叶九升撰	680.00	九州
第二辑第20函:地理大成二:平阳全书	[清]叶九升撰	360.00	九州
第二辑第21函:地理大成三:地理六经注·地理大成四:罗经指南拔雾集·地理大成五:理气四诀	[清]叶九升撰	300.00	九州
第二辑第22:地理录要	[明]蒋大鸿撰	480.00	九州
第二辑第23函:地理人子须知	[明]徐善继撰	480.00	九州
第二辑第24函:地理四秘全书	[清]尹一勺撰	380.00	九州
第二辑第25—26函:地理天机会元	[明]顾陵冈辑	1080.00	九州
第二辑第27函:地理正宗	[清]蒋宗城校订	280.00	九州
第二辑第28函:全图鲁班经	[明]午荣编	280.00	九州
第二辑第29函:秘传水龙经	[明]蒋大鸿撰	480.00	九州
第二辑第30函:阳宅集成	[清]姚廷銮纂	480.00	九州
第二辑第31函:阴宅集要	[清]姚廷銮纂	240.00	九州
第二辑第32函:辰州符咒大全	[清]觉玄子辑	480.00	九州
第二辑第33函:三元镇宅灵符秘箓·太上洞玄祛病灵符全书	[明]张宇初编	240.00	九州
第二辑第34函:太上混元祈福解灾三部神符	[明]张宇初编	360.00	九州
第二辑第35函:测字秘牒·先天易数·冲天易数/马前课	[清]程省撰	360.00	九州
第二辑第36函:秘传紫微	古朝鲜抄本	240.00	九州
子部善本1:新刊地理玄珠	精装古本影印	380.00	华龄
子部善本2:参赞玄机地理仙婆集	精装古本影印	380.00	华龄
子部善本3:章仲山地理九种(上下)	精装古本影印	760.00	华龄
子部善本4:八门九星阴阳二遁全本奇门断	精装古本影印	760.00	华龄
子部善本5:六壬统宗大全	精装古本影印	380.00	华龄
子部善本6:太乙统宗宝鉴	精装古本影印	380.00	华龄
子部善本7:重刊星海词林(全五册)	精装古本影印	1900.00	华龄
子部善本8:万历初刻三命通会(上下)	精装古本影印	760.00	华龄
子部善本9:增广沈氏玄空学(上下)	精装古本影印	760.00	华龄
子部善本10:江公择日秘稿	精装古本影印	380.00	华龄
子部善本11:刘氏家藏阐微通书(上下)	精装古本影印	760.00	华龄
子部善本12:影印增补高岛易断(上下)	精装古本影印	760.00	华龄
子部善本13:清刻足本铁板神数	精装古本影印	380.00	华龄
子部善本14:增订天官五星集腋(上下)	精装古本影印	760.00	华龄
子部善本15:太乙奇门六壬兵备统宗(上中下)	精装古本影印	1140.00	华龄
子部善本16:御定景祐奇门大全(上下)	精装古本影印	760.00	华龄
子部善本17:地理四秘全书十二种	精装古本影印	380.00	华龄

书　名	作　者	定　价	版别
子部善本18:全本地理统一全书	精装古本影印	380.00	华龄
子部善本19:廖公画策扒砂经(上下)	精装古本影印	760.00	华龄
子部善本20:明刊玉髓真经(上下)	精装古本影印	760.00	华龄
子部善本21:蒋大鸿家藏地学捷旨	精装古本影印	380.00	华龄
子部善本22:阳宅安居金镜	精装古本影印	380.00	华龄
子部善本23:新刊地理紫囊书(上下)	精装古本影印	760.00	华龄
子部善本24:地理大成五种(上下)	精装古本影印	760.00	华龄
子部善本25:初刻鳌头通书大全(上中下)	精装古本影印	1140.00	华龄
子部善本26:初刻象吉备要通书大全(上中下)	精装古本影印	1140.00	华龄
子部善本27:钦定协纪辨方书(武英殿板)(上下)	精装古本影印	760.00	华龄
子部善本28:初刻陈子性藏书(上中下)	精装古本影印	1140.00	华龄
子平遗书第1辑(甲子至戊辰,全三册)	精装古本影印	980.00	华龄
子平遗书第2辑(庚午至甲戌,全三册)	精装古本影印	980.00	华龄
子平遗书第3辑(乙亥至戊子,全三册)	精装古本影印	980.00	华龄
子平遗书第4辑(庚寅至庚子,全三册)	精装古本影印	980.00	华龄
子平遗书第5辑(辛丑至癸丑,全三册)	精装古本影印	980.00	华龄
子平遗书第6辑(甲寅至辛酉,全三册)	精装古本影印	980.00	华龄
风水择吉第一书:辨方(精装)	李明清著	168.00	华龄
珞琭子三命消息赋古注通疏(精装上下)	一明注疏	188.00	华龄
增补高岛易断(简体横排精装上下)	(清)王治本编译	198.00	华龄
中国古代术数基础理论(精装1函5册)	刘昌易著	495.00	团结
飞盘奇门:鸣法体系校释(精装上下)	刘金亮撰	198.00	九州
白话高岛易断(上下)	孙正治孙奥麟译	128.00	九州
润德堂丛书全编1:述卜筮星相学	袁树珊著	38.00	华龄
润德堂丛书全编2:命理探原	袁树珊著	38.00	华龄
润德堂丛书全编3:命谱	袁树珊著	68.00	华龄
润德堂丛书全编4:大六壬探原 养生三要	袁树珊著	38.00	华龄
润德堂丛书全编5:中西相人探原	袁树珊著	38.00	华龄
润德堂丛书全编6:选吉探原 八字万年历	袁树珊著	38.00	华龄
润德堂丛书全编7:中国历代卜人传(上中下)	袁树珊著	168.00	华龄
三式汇刊1:大六壬口诀纂	[明]林昌长辑	68.00	华龄
三式汇刊2:大六壬集应钤	[明]黄宾廷撰	198.00	华龄
三式汇刊3:奇门大全秘纂	[清]湖海居士撰	68.00	华龄
三式汇刊4:大六壬总归	[宋]郭子晟撰	58.00	华龄
三式汇刊5:大六壬心镜	[唐]徐道符辑	48.00	华龄
三式汇刊6:壬窍	[清]无无野人撰	48.00	华龄
青囊汇刊1:青囊秘要	[晋]郭璞等撰	48.00	华龄
青囊汇刊2:青囊海角经	[晋]郭璞等撰	48.00	华龄
青囊汇刊3:阳宅十书	[明]王君荣撰	48.00	华龄
青囊汇刊4:秘传水龙经	[明]蒋大鸿撰	68.00	华龄
青囊汇刊5:管氏地理指蒙	[三国]管辂撰	48.00	华龄

书　　名	作　者	定　价	版别
青囊汇刊6:地理山洋指迷	[明]周景一撰	32.00	华龄
青囊汇刊7:地学答问	[清]魏清江撰	58.00	华龄
青囊汇刊8:地理铅弹子砂水要诀	[清]张九仪撰	68.00	华龄
青囊汇刊9:地理啖蔗录	[清]袁守定著	48.00	华龄
青囊汇刊10:八宅明镜	[清]箬冠道人编	48.00	华龄
青囊汇刊11:罗经透解	[清]王道亨著	58.00	华龄
青囊汇刊12:阳宅三要	[清]赵玉材撰	48.00	华龄
子平汇刊1:渊海子平大全	[宋]徐子平撰	48.00	华龄
子平汇刊2:秘本子平真诠	[清]沈孝瞻撰	38.00	华龄
子平汇刊3:命理金鉴	[清]志于道撰	38.00	华龄
子平汇刊4:秘授滴天髓阐微	[清]任铁樵注	48.00	华龄
子平汇刊5:穷通宝鉴评注	[清]徐乐吾注	48.00	华龄
子平汇刊6:神峰通考命理正宗	[明]张楠撰	38.00	华龄
子平汇刊7:新校命理探原	[清]袁树珊撰	48.00	华龄
子平汇刊8:重校绘图袁氏命谱	[清]袁树珊撰	68.00	华龄
子平汇刊9:增广汇校三命通会(全三册)	[明]万民英撰	168.00	华龄
纳甲汇刊1:校正全本增删卜易	郑同点校	68.00	华龄
纳甲汇刊2:校正全本卜筮正宗	郑同点校	48.00	华龄
纳甲汇刊3:校正全本易隐	郑同点校	48.00	华龄
纳甲汇刊4:校正全本易冒	郑同点校	48.00	华龄
纳甲汇刊5:校正全本易林补遗	郑同点校	38.00	华龄
纳甲汇刊6:校正全本卜筮全书	郑同点校	68.00	华龄
古今图书集成术数丛刊:卜筮(全二册)	[清]陈梦雷辑	80.00	华龄
古今图书集成术数丛刊:堪舆(全二册)	[清]陈梦雷辑	120.00	华龄
古今图书集成术数丛刊:相术(全一册)	[清]陈梦雷辑	60.00	华龄
古今图书集成术数丛刊:选择(全一册)	[清]陈梦雷辑	50.00	华龄
古今图书集成术数丛刊:星命(全三册)	[清]陈梦雷辑	180.00	华龄
古今图书集成术数丛刊:术数(全三册)	[清]陈梦雷辑	200.00	华龄
四库全书术数初集(全四册)	郑同点校	200.00	华龄
四库全书术数二集(全三册)	郑同点校	150.00	华龄
四库全书术数三集:钦定协纪辨方书(全二册)	郑同点校	98.00	华龄
增补鳌头通书大全(全三册)	[明]熊宗立撰辑	180.00	华龄
增补象吉备要通书大全(全三册)	[清]魏明远撰辑	180.00	华龄
增广沈氏玄空学	郑同点校	68.00	华龄
地理点穴撼龙经	郑同点校	32.00	华龄
绘图地理人子须知(上下)	郑同点校	78.00	华龄
玉函通秘	郑同点校	48.00	华龄
绘图入地眼全书	郑同点校	28.00	华龄
绘图地理五诀	郑同点校	48.00	华龄
一本书弄懂风水	郑同著	48.00	华龄
风水罗盘全解	傅洪光著	58.00	华龄

书　名	作　者	定　价	版别
堪舆精论	胡一鸣著	29.80	华龄
堪舆的秘密	宝通著	36.00	华龄
中国风水学初探	曾涌哲	58.00	华龄
全息太乙(修订版)	李德润著	68.00	华龄
时空太乙(修订版)	李德润著	68.00	华龄
故宫珍本六壬三书(上下)	张越点校	128.00	华龄
大六壬通解(全三册)	叶飘然著	168.00	华龄
壬占汇选(精抄历代六壬占验汇选)	肖岱宗点校	48.00	华龄
大六壬指南	郑同点校	28.00	华龄
六壬金口诀指玄	郑同点校	28.00	华龄
大六壬寻源编[全三册]	[清]周螭辑录	180.00	华龄
六壬辨疑　毕法案录	郑同点校	32.00	华龄
时空太乙(修订版)	李德润著	68.00	华龄
全息太乙(修订版)	李德润著	68.00	华龄
大六壬断案疏证	刘科乐著	58.00	华龄
六壬时空	刘科乐著	68.00	华龄
御定奇门宝鉴	郑同点校	58.00	华龄
御定奇门阳遁九局	郑同点校	78.00	华龄
御定奇门阴遁九局	郑同点校	78.00	华龄
奇门秘占合编:奇门庐中阐秘·四季开门	[汉]诸葛亮撰	68.00	华龄
奇门探索录	郑同编订	38.00	华龄
奇门遁甲秘笈大全	郑同点校	48.00	华龄
奇门旨归	郑同点校	48.00	华龄
奇门法窍	[清]锡孟樨撰	48.00	华龄
奇门精粹——奇门遁甲典籍大全	郑同点校	68.00	华龄
御定子平	郑同点校	48.00	华龄
增补星平会海全书	郑同点校	68.00	华龄
五行精纪:命理通考五行渊微	郑同点校	38.00	华龄
绘图三元总录	郑同编校	48.00	华龄
绘图全本玉匣记	郑同编校	32.00	华龄
周易初步:易学基础知识36讲	张绍金著	32.00	华龄
周易与中医养生:医易心法	成铁智著	32.00	华龄
梅花心易阐微	[清]杨体仁撰	48.00	华龄
梅花易数讲义	郑同著	58.00	华龄
白话梅花易数	郑同编著	30.00	华龄
梅花周易数全集	郑同点校	58.00	华龄
一本书读懂易经	郑同著	38.00	华龄
白话易经	郑同编著	38.00	华龄
知易术数学:开启术数之门	赵知易著	48.00	华龄
术数入门——奇门遁甲与京氏易学	王居恭著	48.00	华龄
周易虞氏义笺订(上下)	[清]李翊灼校订	78.00	九州

书　名	作者	定价	版别
阴阳五要奇书	[晋]郭璞撰	88.00	九州
壬奇要略（全5册：大六壬集应钤3册，大六壬口诀纂1册，御定奇门秘纂1册）	肖岱宗郑同点校	300.00	九州
周易明义	邸勇强著	73.00	九州
论语明义	邸勇强著	37.00	九州
中国风水史	傅洪光撰	32.00	九州
古本催官篇集注	李佳明校注	48.00	九州
鲁班经讲义	傅洪光著	48.00	九州
天星姓名学	侯景波著	38.00	燕山
解梦书	郑同、傅洪光著	58.00	燕山

周易书斋是国内最大的易学术数类图书邮购服务的专业书店，成立于2001年，现有易学及术数类图书现货6000余种，在海内外易学研究者中有着巨大的影响力。通讯地址：北京市102488信箱58分箱　邮编：102488　王兰梅收。

1、学易斋官方旗舰店网址：xyz888.jd.com　微信号：xyz15652026606
2、联系人：王兰梅　电话：13716780854，15652026606，(010) 89360046
3、邮购费用固定，不论册数多少，每次收费7元。
4、银行汇款：户名：**王兰梅**。
　　邮政：601006359200109796　农行：6228480010308994218
　　工行：0200299001020728724　建行：1100579980130074603
　　交行：6222600910053875983　支付宝：13716780854
5、QQ：（周易书斋2）2839202242；QQ群：（周易书斋书友会）140125362。

北京周易书斋敬启